AF603531

VIE

DE

MME MOLÉ DE CHAMPLATREUX.

Lyon, impr. de J. B, Pélagaud.

VIE

DE

MADAME MOLÉ DE CHAMPLATREUX,

Fondatrice

DES SOEURS DE LA CHARITÉ DE SAINT-LOUIS.

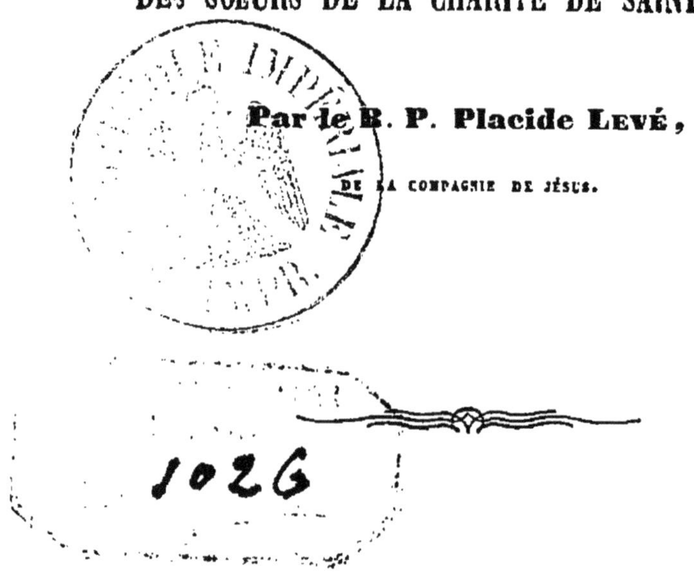

Par le R. P. Placide LEVÉ,

DE LA COMPAGNIE DE JÉSUS.

J. B. PÉLAGAUD ET Cie, IMPR.-LIBRAIRES

DE N. S. P. LE PAPE.

LYON,
Grande rue Mercière,
50.

PARIS,
Rue des Saints-Pères, 57.
Dépôt chez Albanel, fils.

1857.

Aux Religieuses de la Charité de Saint-Louis.

Mes très-honorées Soeurs,

Voici la vie de votre Vénérable Fondatrice ; je vous l'envoie telle qu'elle est. J'aurais bien désiré qu'elle eût été moins incomplète, mais vous savez que cela n'a pas dépendu tout à fait de moi. Malgré la bonne volonté qui m'animait, je n'ai pu y consacrer que quelques instants assez rares et fugitifs, dérobés à des occupations multipliées; obligé, chaque fois que je reprenais mon travail, de relire les pages qui étaient écrites pour savoir où j'en étais et renouer les faits les uns aux autres. Souvent aussi je me suis vu dans la nécessité de remplacer, par quelques phrases bannales, des lacunes pour lesquelles les renseignements me faisaient défaut, et de faire des transitions qui paraissent nécessairement heurtées et peu naturelles. D'autres fois, j'ai passé sans scrupule plusieurs années sur lesquelles les documents que vous m'avez fournis gardaient un silence absolu. Je ne pouvais faire autrement ; car une histoire n'est pas une œuvre d'imagination où l'on puisse se mettre au large et supposer des faits quelque intéressants qu'ils soient. Elle retient impitoyablement l'écrivain dans les limites des événements qu'il raconte ; les événements venant à lui manquer, le terrain lui manque par là même, et il ne sait plus où poser le pied. C'est ce qui m'est arrivé plusieurs fois. Mon travail a donc consisté uniquement à classer les faits connus dans un ordre convenable, et à en composer un ensemble que vous puissiez lire avec plaisir et avec édification. Tout ce qui n'allait pas directement au but, ou qui pouvait faire perdre de vue la Vénérable Mère dont j'écrivais la vie, a été soigneusement élagué ; et si quelques faits, sans être absolument nécessaires, m'ont paru néanmoins utiles, j'ai mieux aimé multiplier les notes que de les insérer dans le corps de l'Histoire pour ne pas en entraver la marche.

La première partie contient la vie entière de

Mme Molé; dans la seconde, je parle plus en détail de ses vertus. C'est là surtout que vous la verrez, pour ainsi dire, au milieu de vous, parlant, agissant et disant à chacune de ses Filles : *Voici la route ; suivez-moi.* Vous la verrez, sans un grand effort d'imagination, dans cette chapelle où elle a prié avec tant de ferveur, et sa dévotion réveillera la vôtre ; vous la verrez dans cette salle de Communauté ou de Noviciat, où elle vous traçait des Règles de direction si sages et si claires ; vous la verrez au milieu de vos récréations, qu'elle avait le secret de rendre tout à la fois agréables et édifiantes. Ce ne sont pas seulement des principes de conduite qu'elle vous donnera, mais des exemples soutenus, qui, vous montrant la perfection religieuse en action, la mettront à votre portée et vous en faciliteront la pratique.

Je serai très-amplement dédommagé de mes peines, mes très-honorées Sœurs, si je puis, par le récit simple et sans prétention, des vertus de votre Vénérable Fondatrice, vous porter à avancer de plus en plus dans la perfection dont vous avez sous les yeux un si beau modèle, et s'il s'élève parmi vous une sainte émulation à qui la suivra de plus près et lui ressemblera davantage.

Je ne puis mieux terminer cette lettre qu'en

vous rappelant ces paroles de Salomon : *N'oubliez pas les préceptes de votre mère ; tenez-les sans cesse gravés dans votre cœur* par une méditation assidue ; *attachez-les à votre cou* pour les voir et en faire la règle de votre vie. *Lorsque vous marchez, qu'ils vous accompagnent ; qu'ils vous gardent pendant votre sommeil, et, en vous réveillant, consultez-les encore, parce que c'est une lumière qui vous guidera sûrement* dans la route du ciel.

Agréez l'expression du dévouement sincère avec lequel je suis ,

Mes très-honorées Sœurs,

Votre très-humble serviteur en J.-C.

***

VIE

DE

MADAME MOLÉ DE CHAMPLATREUX,

FONDATRICE

DES SOEURS DE LA CHARITÉ DE SAINT-LOUIS.

PREMIÈRE PARTIE.

CHAPITRE PREMIER.

SA NAISSANCE ET SON ÉDUCATION.

Dieu est admirable dans ses saints, dit le Prophète royal (*Ps.* 67. 36.); *admirable* dans les faveurs qu'il leur prodigue et qu'il leur fait souvent acheter au prix des plus grands sacrifices; *admirable* dans les vertus qu'il leur inspire et qui sont comme les échelons mystérieux par lesquels il les élève jusqu'au sommet de la perfection. Celle dont nous allons parler se trouve marquée à ces deux caractères, et peut dire comme saint Paul : *Je suis ce que je suis par la grâce de Dieu, et cette grâce n'a pas été vaine en moi.*

Marie-Louise-Elisabeth de Lamoignon naquit à Paris, le 3 octobre 1763, du mariage de M. François de Lamoignon, président à mortier du Parlement de Paris et garde-des-sceaux de France, et de Marie-Elisabeth Berryer, fille d'un conseiller d'Etat et garde-des-sceaux. Nous pourrions donc rehausser l'éclat des vertus de notre pieuse Elisabeth par l'éclat de la naissance et l'illustration des ancêtres, puisqu'elle était descendante de deux familles que distinguaient l'ancienneté de leur nom et les charges honorables qu'elles remplirent toujours avec distinction. Mais nous nous arrêterons uniquement à ce qui peut montrer combien Dieu a été admirable dans son humble servante, et quelle fidèle correspondance sa grâce a trouvée en elle.

On a remarqué, dans un grand nombre de Saints, qu'ils furent prévenus de la grâce divine dès leur plus tendre enfance ; c'étaient comme des arrhes que Dieu leur donnait des faveurs signalées qu'il voulait leur accorder plus tard, et, en même temps, un indice de la sainteté à laquelle il les appelait. La jeune Elisabeth eut ce cachet de prédestination. Mme Berryer, sa grand'mère, femme d'une éminente vertu, fut la première à l'apercevoir, par cet instinct surnaturel que Dieu donne aux Saints de connaître les Saints et de voir en eux l'action divine qui échappe aux yeux des autres. Frappée de la candeur et de l'innocence qui brillaient de tout leur éclat sur le front de sa petite-fille, elle ne la regardait qu'avec un religieux respect, la considérant comme un vase d'élection destiné à contenir et à faire refluer sur les autres le parfum des plus douces et des plus sublimes vertus. Aussi demanda-t-elle à Mme de Lamoignon, sa fille, à l'avoir toujours près d'elle, et à se charger en partie du soin de son éducation. Nous pouvons dire que, si Elisabeth fut heureuse d'être confiée à la vigilance d'une aïeule si pieuse et si dévouée, celle-ci n'eut pas moins à se féliciter d'avoir constamment sous les yeux le spectacle d'une vertu si pure et d'une piété si précoce. Ces deux cœurs, malgré la différence de l'âge, semblaient faits l'un pour l'autre. Ils se rapprochaient pour s'entendre, l'un en s'abaissant avec une touchante condescendance jusqu'à la simplicité d'un enfant, l'autre en s'élevant, par un esprit déjà réfléchi et observateur, jusqu'au sérieux de l'âge mûr. Car on peut dire de la jeune Elisabeth ce que la sainte Ecriture dit de Tobie, que, *malgré sa jeunesse, il n'y avait rien de jeune dans ses actions.* (Tob. 1. 4.) Ses goûts étaient sérieux, et, à l'école de sa bonne aïeule dont les exemples étaient encore plus éloquents que

1.

les paroles, elle devint un modèle de vertu et de piété, et l'on avait lieu de s'étonner que, dans un âge si tendre, elle préférât la prière à la promenade et l'étude aux divertissements. Aussi elle excella bientôt dans la science comme dans la vertu.

Elle avait reçu de Dieu un esprit vif et pénétrant, une imagination ardente et une aptitude remarquable pour tous les arts d'agrément. Comme elle apprenait avec une facilité extrême tout ce qu'on lui enseignait, elle devint en peu de temps très-habile, notamment dans la musique instrumentale; en sorte que son maître, le célèbre Balbâtre, ne venait plus pour lui donner des leçons, mais plutôt pour l'entendre jouer et s'exercer avec elle (1). Elle apprit aussi les éléments du latin, et nous verrons plus tard qu'elle se perfectionna si bien dans cette étude, qu'elle pouvait lire sans difficulté dans cette langue la sainte Ecriture et les ouvrages des saints Pères. Mais ses progrès dans les sciences n'égalaient pas ceux qu'elle faisait dans la piété, et, en la voyant si attentive à saisir toutes les occasions de pratiquer les vertus propres à son âge, on pouvait pressentir à quel degré de perfection elle parviendrait un jour. Dieu la prépa-

(1) Balbâtre (Claude), habile organiste, né à Dijon en 1729. Il était élève de Rameau, et se fit en peu de temps une si grande réputation, qu'il obtint l'orgue de Saint-Roch, le meilleur de la capitale, et plus tard celui de Notre-Dame. Il est mort à Paris le 9 avril 1799.

rait ainsi, dans la retraite et sous les yeux d'une mère vertueuse, comme il prépara autrefois la jeune Vierge Marie sous les yeux de sainte Anne, à l'accomplissement des desseins qu'il voulait lui confier.

CHAPITRE II.

ELLE FAIT SA PREMIÈRE COMMUNION.

Cette enfant de bénédiction *croissait en âge et en sagesse aux yeux de Dieu et aux yeux des hommes*, jusqu'au moment où on lui annonça qu'elle eût à se préparer à sa première communion. Dire la vive impression que fit cette nouvelle sur un cœur si sensible aux touches de la grâce serait impossible. Elle se trouvait partagée entre une religieuse frayeur et l'amour le plus tendre et le plus confiant. Rien ne fut omis, je ne dis pas seulement de la part de sa bonne aïeule et de sa pieuse mère, mais de la part de cette enfant privilégiée, pour la préparation à cet acte solennel. Elle appelait de toute l'ardeur de ses désirs le jour heureux où elle pourrait dire enfin : *J'ai cherché Celui que mon cœur aime; je l'ai trouvé, je ne l'abandonnerai pas.* Pour en dire davantage sur ce sujet, il faudrait avoir pénétré dans le secret de son cœur, tant elle avait soin de cacher tout dans le mystère de son humilité ! Ce que nous savons seulement, c'est que, uniquement attentive à plaire à son Dieu, elle ne recherchait pas, ou plutôt elle éloignait d'elle tout ce qui, dans les ajustements, aurait pu lui attirer les regards des créatures. Son attention sur ce point était si réelle et si bien remarquée de tout le monde, qu'on s'en amusait quelquefois dans sa famille. Ses sœurs, au jour de sa première communion, chargées de présider à sa toilette, l'affublèrent, par plaisanterie, des vêtements de sa vieille grand'mère. Elle se prêtait de bonne grâce à ce jeu innocent, et volontiers elle aurait été à l'église dans cet accoutrement ridicule ; mais ce n'était qu'un jeu, et ces vêtements, si peu faits pour son âge, furent bientôt remplacés par une riche et brillante parure. Quand la modeste Elisabeth vit ces habits de luxe, elle ne put dissimuler la peine qu'elle en éprouvait. Son esprit judicieux et éclairé par la foi établit tout de suite une comparaison entre ces livrées de la vanité mondaine et l'humilité du Dieu qu'elle allait recevoir, et elle ne consentit à prendre ces vêtements que quand on en eut retranché ce qu'il y avait de trop éclatant et trop somptueux. On peut juger, à ce seul trait, combien était solide sa vertu, à un âge où on en comprend à peine les premiers éléments. Sa modestie angélique ajoutait encore à ses attraits naturels (1), et

(1) Nous ne voulons relever en celle dont nous écrivons la vie que les

leur donnait un nouveau charme. Quand on la vit approcher de la table sainte avec ce recueillement qu'inspire une foi vive, on se rappelait la jeune Vierge Marie au jour de sa présentation dans le Temple.

Les sentiments intérieurs qu'elle éprouva, les grâces dont elle fut enrichie, les résolutions qui lui furent inspirées, et la générosité avec laquelle elle se donna à ce Dieu qui se donnait à elle, sont un secret connu de Dieu seul. Son humble servante se garda bien de rien révéler. Elle aurait craint de laisser évaporer le parfum en le découvrant. De douces larmes témoignèrent seules de l'émotion de son âme et de la tendresse de sa dévotion. Jésus venait de l'initier aux secrets de son cœur et de lui inspirer pour la sainte Eucharistie cet ardent amour qui ne se démentit jamais.

dons de la grâce et les vertus surnaturelles. Cependant nous ne pouvons nous dispenser de dire que Mlle de Lamoignon était favorisée des dons de la nature, et que sa beauté était remarquable. Lorsque plus tard elle fut mariée à M. Molé, celui-ci, voyant le peu de soin qu'elle donnait à sa parure et même l'attention qu'elle avait à dissimuler ses attraits, lui disait en riant : *Vous faites tout ce que vous pouvez pour vous rendre laide, mais vous ne pouvez pas réussir.*

CHAPITRE III.

SON MARIAGE.

Après cet acte solennel, l'heureuse Elisabeth, au comble de ses vœux, ne pensait plus qu'à jouir de son bonheur et à répondre à la grâce qu'elle venait de recevoir. Le soin de sa perfection l'absorbait tout entière. Si jeune encore, elle ne pensait pas pouvoir s'occuper des autres ; mais Dieu avait d'autres vues sur elle. Il ne voulut pas que ce trésor fût enfoui et que cette lumière demeurât cachée sous le boisseau. Il inspira donc à ses parents la pensée de la marier, quoiqu'elle n'eût encore que quinze ans. Mais, fidèle à sa providence de prédilection sur cette âme d'élite, il avait préparé pour elle un de ces hommes qui savent élever leurs sentiments au niveau de leur nom et de leur fortune. M. Edouard-Matthieu Molé, d'une famille où l'honneur et la vertu étaient héréditaires, fut l'homme choisi de Dieu pour devenir l'époux de notre pieuse Elisabeth. On peut dire que jamais alliance ne fut mieux assortie. M. Molé était arrière-petit-fils du célèbre Matthieu Molé qui se distingua par son intrépidité dans les troubles de la Fronde (1). Il jouissait

(1) Matthieu Molé, né à Paris en 1584, entra dans le Parlement et

d'une grande fortune qu'il employait noblement à la gloire de la religion, au service de l'Etat et au soulagement de l'indigence. Il y avait donc entre les jeunes époux conformité de rang, de fortune, de religion, de sentiments et d'inclination; conformité qui ne varia jamais et qui permit à la charitable Elisabeth, devenue par ce mariage Mme Molé de Champlâtreux, de se livrer à son penchant pour la piété et les bonnes œuvres de tout genre. Aussi n'y manqua-t-elle pas, comme nous le verrons dans la suite.

Par cette alliance Mme Molé se trouvait à la tête d'une fortune de cinq cent mille livres de rente, en possession d'un des plus beaux hôtels de Paris, dans le faubourg Saint-Germain, et du magnifique château de Champlâtreux, à six lieues de Paris. Quel changement dans cette existence jusque-là si paisible, si modeste, si éloignée du faste et de la dissipation! Hier le bruit du monde parvenait à peine jusqu'à la retraite où la vertueuse Elisabeth se tenait renfermée;

fut d'abord conseiller, ensuite président aux requêtes, depuis procureur-général, et enfin premier président en 1641. Il montra, dans les troubles de la Fronde, autant de zèle que de grandeur d'âme. Quand on lui disait qu'il devait moins s'exposer à la fureur du peuple, il répondait: « Que six pieds de terre feraient toujours raison du plus grand homme du monde. » Cette intrépidité fit dire au Cardinal de Retz : « Si ce n'était pas un blasphème de dire que quelqu'un a été plus brave que le grand Condé, je dirais que c'est Matthieu Molé. » Il mourut garde-des-sceaux en 1656, âgé de 72 ans.

aujourd'hui Mme Molé se trouve jetée au milieu des fêtes, des embarras, des visites que réclamait sa nouvelle position. Hier, n'ayant à s'occuper que d'elle-même; aujourd'hui, sentant tout le poids de la responsabilité d'une grande maison où elle était appelée à commander. Hier, modeste par goût et par vertu dans ses habits, sa table, son ameublement; aujourd'hui environnée, par position, de tout ce que la richesse a de plus somptueux, de tout ce que le luxe a de plus éblouissant. Quel changement! Oui, mais le cœur n'avait pas changé. Mêmes goûts, même modestie, même piété. Le nouvel état de Mme Molé ne servit qu'à faire briller d'un plus vif éclat les vertus dont elle était ornée et qu'elle avait pris tant de soin à cacher jusque-là. Dieu se plaisait à l'élever à mesure qu'elle s'abaissait. Il la mettait comme *un flambeau sur le chandelier*, *afin qu'elle brillât aux yeux de tous ceux qui étaient dans la maison*. (Matth. 5. 15.)

CHAPITRE IV.

SA CHARITÉ ENVERS LES PAUVRES.

Comme une femme chrétienne qui comprend ses devoirs, son premier soin fut de plaire à son époux, et, d'après ce que nous venons de dire de la sympa-

thie de leur caractèce et de leurs inclinations, il ne lui fut pas difficile de réussir. M. Molé avait apprécié le mérite de sa jeune épouse avant son mariage, il l'apprécia bien mieux encore à mesure qu'il pénétra dans le secret de son cœur. Il avait admiré le tableau d'une si belle vie dans son ensemble, et, si nous pouvons ainsi parler, dans son ordonnance générale; mais son admiration s'accrut, quand il put le contempler dans la perfection des détails. On peut dire que si son amour pour Mme Molé était celui de l'époux le plus affectueux et le plus délicat, son respect pour ses vertus héroïques allait jusqu'à la vénération. Il voyait en elle l'esprit de Dieu qui la dirigeait en toutes choses; car ses paroles et ses œuvres étaient empreintes d'une prudence et d'une sagesse où se révélait un principe surnaturel. De là cette confiance qu'il lui accordait, et cette entière liberté qu'il lui laissait de se livrer à toutes les œuvres de charité que lui inspirait son zèle. Plus que cela, il se plaisait lui-même à la seconder dans ses aumônes qui allaient quelquefois jusqu'à la prodigalité. Ce n'était pas seulement entre eux accord parfait, il y avait émulation. Il lui disait un jour, en plaisantant: « Vous faites mieux que le proverbe.
« Il dit que, par le moyen de l'aumône, on entre
« dans le ciel dans une voiture à six chevaux; vous
« y entrerez dans une voiture à douze chevaux, du
« train que vous y allez; si vous y arrivez la première,
« faites en sorte de me préparer une place auprès de

« vous. » On voit, par ce seul mot, l'estime qu'avait M. Molé pour sa femme et la confiance que lui inspirait sa vertu. Aussi quelques amis de sa famille lui ayant dit, dans leur zèle indiscret, qu'on était surpris de voir une femme, jeune et jolie, dans les quartiers les plus mal habités de la capitale, et sortir de maisons qui n'étaient pas moins l'asile du vice que de la misère; il les remercia de leur avis et leur répondit: « Je connais Mme Molé, et je sais trop quelle est « sa vertu pour avoir à ce sujet la moindre inquié- « tude. Je n'ai qu'un regret, c'est de la suivre de si « loin dans le bien qu'elle fait et dans les vertus dont « elle me donne journellement l'exemple. D'ailleurs, « je sais toutes ses démarches; elle ne fait rien « sans mon aveu. » Heureux époux d'avoir une telle femme! mais aussi heureuse femme d'avoir un mari qui savait si bien apprécier sa conduite!

Ce mariage peut donc être regardé comme une des grâces les plus signalées que Mme Molé reçut de Dieu. Car si *une femme sage et prudente est pour un homme un don de Dieu*, dit l'Ecriture (*Prov*. 19. 14.), un homme juste et vertueux n'est-il pas une des plus grandes faveurs que le Seigneur puisse accorder à une femme? Aussi Mme Molé qui avait adressé au Ciel tant de prières ferventes pour obtenir un époux selon son cœur, quand elle se vit exaucée, ne put contenir les élans de sa reconnaissance. Elle en parlait avec effusion de cœur, et ces sentiments durèrent autant que sa vie, puisque nous les trouvons encore dans son testament, où, parlant à ses enfants avec l'accent de la tendresse maternelle, elle leur dit : « Mes parents m'unirent, « dès l'âge de quinze ans, à l'homme le plus ver- « tueux, comme aussi le meilleur. Que vous êtes « malheureux de n'avoir pu le connaître davantage ! « Les exemples de foi qu'il vous aurait donnés, ainsi « que de toutes les vertus chrétiennes et sociales « qu'il possédait si éminemment, auraient été pour « vous des leçons bien touchantes et bien convain- « cantes. Dieu l'a appelé à lui, et j'espère, de la ma- « nière religieuse et héroïque dont il a terminé sa « carrière, qu'il a reçu le prix de ses bonnes œuvres. »

CHAPITRE V.

SES ÉPREUVES. — ARRESTATION DE SON ÉPOUX.

Dieu avait répandu trop de grâces dans l'âme de Mme Molé pour lui refuser celle qui devait mettre le comble à toutes les autres. Il ne devait manquer aucun lustre à une si haute vertu, pas même celui de l'adversité. Il fallait qu'elle fût pure de tout alliage, et pour cela qu'elle passât par le creuset de la tribulation. Ceux qui n'ont pas été instruits à l'école de la foi se scandalisent de voir les justes aux prises avec le malheur, et comme abandonnés de Dieu à la merci des méchants; mais les disciples de Jésus-Christ, les enfants de l'Evangile, à qui le mystère de la Croix a été révélé, comprennent que la tribulation est une marque de l'amitié divine : *Parce que vous étiez agréable à Dieu*, dit l'ange Raphaël à Tobie, *il fallait que vous fussiez éprouvé par l'adversité*. (Tob., 12-13.) Jésus Christ aimait ses apôtres, il leur dit expressément : *Vous êtes mes amis*. Et aussitôt il ajoute : *Je vous envoie comme des brebis au milieu des loups ; vous serez persécutés, flagellés, et en vous donnant la mort, on croira faire une œuvre agréable à Dieu*. (Joan., 16-1.) Les souffrances de l'esprit ou du corps sont donc des marques de l'amitié divine. Oh! que Mme Molé eut une large part à ces faveurs du ciel! Dieu proportionne l'amertume de son calice au courage et à l'énergie de ceux auxquels il le présente. On peut dire qu'il le présenta tout plein à son humble servante et qu'il le lui fit boire jusqu'à la lie, mais lentement et à plusieurs reprises, afin qu'elle en sentît toute l'amertume. La suite de cette histoire justifiera ce que nous avançons.

Nous ne parlerons pas de la mort de deux enfants qui lui furent enlevés en bas âge. Quelque sensible qu'ait été cette perte à un cœur aussi tendre et aussi affectueux que le sien, ce ne fut qu'un avertissement du ciel et une préparation à de plus grandes douleurs. Mme Molé n'y vit elle-même qu'un premier pas dans cette voie royale de la Croix où Dieu voulait la faire marcher pour l'élever à la plus haute perfection.

Il y avait déjà quatorze ans qu'elle vivait avec son époux dans cette douce intimité et cette paix qui résultaient, comme nous l'avons dit, de la conformité de leurs sentiments. Il lui restait trois enfants qui faisaient son bonheur, comme ils étaient l'objet de sa sollicitude. Appliquée tout entière à leur éducation, elle voulait les rendre héritiers de ses vertus, comme ils devaient l'être de son nom et de sa fortune. Cette pieuse famille vivait paisiblement, estimée des riches dont elle était le modèle, aimée des pauvres sur qui elle répandait les aumônes et les consolations, lorsqu'arriva la grande révolution qui ébranla la France entière, bouleversa la société et mit en péril, non-seulement la fortune, mais la vie de tout ce qui était alors noble, riche ou religieux. A ces trois titres, la famille Molé pouvait s'attendre à la fureur et à la rapacité des républicains de 93. Aussi ne fut-elle pas épargnée. Elle avait lieu d'espérer cependant que sa bienfaisance et sa charité seraient de puissants avocats auprès de ce peuple qui en avait été le témoin, l'admirateur et l'objet; mais Dieu, qui voulait éprouver Mme Molé comme il éprouve ses saints, voulut transpercer son âme du glaive le plus acéré et la faire survivre à d'immenses douleurs. Elle fut frappée, non seulement dans ses biens auxquels elle n'était attachée que parce qu'elle pouvait par là soulager des infortunes, mais dans ses affections les plus chères, dans ce mari si bon, si vertueux que Dieu lui avait donné. M. Molé eut avec Jésus-Christ ce rapport glorieux, il fut vendu à prix d'argent par les hommes mêmes de sa maison. Quelques uns de ses serviteurs, soit qu'ils fussent imbus de l'esprit démagogique, soit par l'espérance d'un gain sordide, le dénoncèrent au comité révolutionnaire, et reçurent, nouveaux Judas, le prix de son sang. Guidés par ces traitres, des satellites vinrent le prendre à son hôtel et le conduisirent dans une de ces prisons improvisées d'où l'on ne sortait que pour monter à l'échafaud. On comprendra que nous ne cherchions pas à peindre la douleur de Mme Molé; l'on sait la tendre affection qu'elle avait pour son époux; il suffit donc de dire que sa douleur égala son amour. Mais ce même amour qui lui rendait cette perte si sensible lui inspira aussi d'employer tous les moyens, quelque désespérés qu'ils parussent, pour que cet époux si cher et si digne d'elle lui fût rendu. Dieu permit que ses démarches ne fussent pas sans succès. Cependant elle n'eût jamais réussi à obtenir l'élargissement de M. Molé, si Dieu n'eût inspiré à un serviteur fidèle le courageux dévouement que nous allons raconter.

CHAPITRE VI.

DÉVOUEMENT D'UN SERVITEUR. — M. MOLÉ SORT DE PRISON.

Tous les serviteurs de M. Molé ne l'avaient pas trahi. Il en est un dont le nom doit être signalé à l'estime publique. Ce ne sera encore qu'une faible récompense pour une action noble et généreuse. Duval, valet de chambre, fut l'instrument dont la Providence se servit pour sauver M. Molé d'une mort certaine. Soit par le conseil de Mme Molé, soit qu'il ne prît ses inspirations que dans son seul dévouement, il suivait la bande d'assassins qui se faisaient, dans les prisons, *les exécuteurs de la justice du peuple*, non sans doute pour prendre part à leurs crimes, mais pour avoir l'occasion de sauver son maître, soit en le faisant évader, soit en gagnant le juge par l'appât de l'or, soit en touchant, s'il était possible, le cœur des assassins. C'est ce dernier moyen, sur lequel on devait le moins compter, qui lui réussit. Voici comment le vertueux abbé Jarry, chanoine et grand-vicaire de Vannes, dont nous aurons occasion de parler plusieurs fois dans cette histoire, nous a raconté le fait :

Pendant la nuit qui suivit son arrestation, M. Molé réussit à monter dans les combles de sa prison et à se blottir dans un recoin obscur. Le lendemain, quand on vint faire l'appel des prisonniers pour les immoler à mesure qu'ils se présentaient, il ne parut point. Déjà les infortunés compagnons de sa captivité étaient massacrés; on l'appelait, on le cherchait sans le pouvoir trouver. Quelqu'un ayant demandé ce que c'était que cet aristocrate, le courageux Duval en prit occasion de plaider la cause de son maître. « Je le con-« nais, dit-il, et même beaucoup, car il m'a fait du « bien. Du reste, vous devez le connaître aussi bien « que moi; c'est un ami du peuple, qui ne cherchait « qu'à faire du bien au peuple; je ne crois pas que le « peuple puisse se plaindre de lui. C'est sa femme « que vous avez vue cent fois visiter les pauvres dans « les mansardes, porter des remèdes aux malades, « payer les mois d'apprentissage à nos enfants. C'est « un vrai citoyen, et je ne sais pas pourquoi on veut « le faire mourir. On l'a pris sans doute pour un « autre. » Frappés de ces courageuses paroles et de l'accent de conviction qu'y mettait Duval : *Eh bien!* lui dirent-ils, *vas le chercher*, *et si tu le trouves*, *dis-lui que le peuple lui pardonne*. Duval cherche son maître et ne le trouve pas. Il soupçonne qu'il s'est caché dans les combles, car il n'a pu aller ailleurs. Il monte donc, il appelle; M. Molé ne répond pas; car il croyait que son valet de chambre ne voulait le trouver que pour le livrer aux assassins. Enfin Duval est sur le point d'arriver jusqu'à lui; il l'appelle encore. M. Molé alors, voyant qu'il allait être pris, lui répond avec l'accent de la douleur et du reproche : « Quoi! Duval, « c'est toi qui me trahis! — Non, Monsieur, lui ré- « plique le fidèle serviteur avec empressement, ce « n'est pas pour vous trahir, à Dieu ne plaise! J'ai « obtenu votre élargissement. Venez tout de suite. » M. Molé croit à la parole de cet homme généreux. Il se tire péniblement de sa cache, aussi mort que vif. Le fidèle Duval l'aide à descendre, il le présente à ses camarades et tous portent en triomphe M. Molé à son hôtel, sur un brancard, parce qu'il ne pouvait se soutenir. Que l'on se figure, s'il est possible, ce qu'éprouva le cœur de Mme Molé, quand elle revit son époux pâle, défiguré, respirant à peine; semblable à un cadavre, apporté par des hommes dont les mains et les vêtements portaient des traces du sang qu'ils venaient de verser, parmi lesquels elle reconnut quelques-uns de ses anciens serviteurs, et qui lui dirent sur un ton de plaisanterie féroce : « Tiens, pe- « tite citoyenne, voilà ton mari; nous te l'apportons, « mais à la condition que tu nous embrasseras. » Toute révoltante qu'était cette proposition, elle l'accepta avec empressement. Elle eût racheté son époux au prix de son sang, s'il eût été nécessaire, tant elle était heureuse de le revoir! Mais, hélas! le sacrifice n'était que différé. Telle est la conduite de Dieu envers les grandes âmes. Les croix qu'il leur impose leur présagent souvent des croix plus pesantes encore.

La vierge Marie, en perdant Jésus à Jérusalem pendant trois jours, pressentait déjà le Calvaire et ses douleurs. Ainsi la tendre épouse dut se disposer à subir bientôt une nouvelle épreuve plus cruelle que la première, puisque son époux devait lui être enlevé pour toujours.

CHAPITRE VII.

DEUXIÈME ARRESTATION DE M. MOLÉ. — SA MORT. — SES BIENS SONT MIS EN SÉQUESTRE.

M. Molé n'était pas homme à transiger avec ses convictions. Il ne pouvait ni approuver les horreurs de l'anarchie, ni faire de ces actes de complaisance officielle qui peuvent à la vérité sauver la vie, mais que l'honneur et la conscience réprouvent. Il se tenait donc à l'écart, sans se mêler aux fêtes publiques, ne voyant personne, afin de ne pas se compromettre par la manifestation de sentiments qu'il n'eût pu dissimuler. C'en fut assez pour le rendre *suspect*, et l'on sait que dans le vocabulaire républicain *suspect* et *coupable* étaient synonymes. On prétendait d'ailleurs avoir contre lui des griefs réels et avérés. On avait trouvé, disait-on, dans l'armoire de fer, une lettre qu'il avait écrite dans l'émigration à Louis XVI, pour offrir ses services à ce roi malheureux. En outre, il avait souscrit avec plusieurs de ses collègues du Parlement une protestation contre les opérations de l'Assemblée constituante. En tout cela, il n'avait agi que selon sa conscience; mais dans ce temps de vertige où le bien était le mal et le mal était le bien, la conscience honnête et religieuse n'était qu'un titre à l'échafaud. M. Molé avait mérité ce titre et il l'obtint (1).

Nous ne savons pas d'une manière précise le temps qui s'écoula entre sa première arrestation, à laquelle, comme nous venons de le voir, il échappa par une sorte de miracle, et la seconde qui devait être suivie du dernier supplice. Il n'y eut que quelques mois, pendant lesquels il se préparait à tout événement, ne s'étant jamais fait illusion sur le danger auquel l'exposaient son nom, sa religion, sa fortune et son dévouement au roi. Le jour funeste arriva en effet. Des hommes armés, envoyés par un tribunal de sang, vinrent prendre M. Molé à son hôtel, et l'enlevèrent une seconde fois aux tendres embrassements de son épouse et de ses enfants. Il fut

(1) Edouard-François-Matthieu Molé, né le 5 mars 1760, fut président à mortier en 1788. Il avait émigré et rentra au temps prescrit par les décrets de l'Assemblée nationale. Croyant pouvoir mieux servir le roi dans l'intérieur de la France, il lui écrivit dans ce sens. Il mourut le 1er floréal an II (20 avril 1794).

renfermé à la Conciergerie pour être exécuté le lendemain.

On comprendra, sans que nous ayons besoin de le dire, que ce nouveau coup porté au cœur de Mme Molé fut bien plus douloureux encore que le premier, parce qu'il ne faisait que rouvrir une plaie encore saignante, et qu'il n'y avait plus à espérer d'y pouvoir échapper une seconde fois. Elle eut besoin d'appeler à son secours sa foi et ses sentiments religieux. Tombant à genoux devant Dieu, et ne s'exprimant que par ses larmes, elle lui demanda la force de faire le sacrifice qu'il lui imposait. Le Dieu de consolation ne fut pas sourd à la prière de cette âme affligée; il entendit la voix de ses larmes, et s'il ne jugea pas devoir en tarir la source, il voulut néanmoins en adoucir l'amertume. M. l'abbé de Sambucy fut l'ange consolateur qu'il lui envoya. Ce prêtre courageux avait trouvé le secret de parvenir, à travers mille périls de mort, jusqu'à M. Molé, et de lui offrir le secours de son ministère. Il fut convenu entre eux que le jour du supplice (1), dans telle maison désignée, à tel étage, à telle fenêtre, l'abbé serait là pour lui donner une dernière absolution. Cette nouvelle que M. de Sambucy vint apporter le soir du même jour à Mme Molé, versa un peu de baume sur la plaie de son cœur. On vit alors cette femme forte s'élever au-

(1) Ce devait être le lendemain.

dessus des sentiments de la nature. Elle ne pensa plus qu'à remercier Dieu de la faveur qu'il accordait à son mari, et dont tant d'autres étaient privés. Pour reconnaître cette grâce signalée, elle fit à Dieu le sacrifice de sa propre vie, par une sorte de vœu qu'elle déposa entre les mains de M. l'abbé de Sambucy. Admirable empire de la religion sur cette femme courageuse! Il y a quelques instants, elle était écrasée sous le poids de sa douleur, à présent elle s'élève par la foi au-dessus de sa faiblesse naturelle; son cœur navré était inaccessible à tout autre sentiment qu'à celui de l'affliction la plus profonde, à présent il sent en lui la générosité des martyrs; Dieu ne lui avait demandé que la vie de son époux, elle lui offre encore la sienne propre. Nous ne pouvons douter que cette offrande ait été agréable au Ciel. Toutefois le Seigneur, qui avait ses desseins sur cette âme, et qui la réservait pour sa gloire et pour le salut d'un grand nombre de personnes de son sexe, se contenta de la *préparation de son cœur* (Ps. 10, 17.) et de sa résignation. Mais si elle ne perdit pas la vie comme son époux, on peut dire qu'elle eut tout à souffrir, excepté la mort violente. Son martyre ne fut différé que pour qu'elle eût occasion de renouveler tous les jours le sacrifice qu'elle avait fait d'elle-même à son Dieu.

Peu de temps après la mort de son mari, tous ses biens furent mis en séquestre par la nation. Perte considérable, à laquelle néanmoins elle eût été peu sensible, s'il ne se fût agi que d'elle-même; mais ses trois enfants en bas âge, qui lui étaient si chers et qu'elle voyait par là privés de toute ressource; mais les pauvres, objet de sa charité et qui étaient comme sa seconde famille. Ah! cette pensée l'accablait, et elle eut encore besoin du secours de sa foi pour n'y pas succomber. D'un autre côté, sa santé ébranlée par tant et de si violentes secousses, était gravement compromise. Le dernier enlèvement de son mari, et surtout sa mort sur l'échafaud, avaient fait sur elle une impression si vive que ses bras et ses jambes furent subitement frappés de paralysie. Elle ne pouvait donc ni marcher, ni se rendre à elle-même le plus léger service, à tel point qu'il fallait lui porter la nourriture à la bouche comme à un enfant. Ajoutez à cela les craintes continuelles qu'elle éprouvait et pour elle-même et pour ce qu'elle avait de plus cher au monde. Ces craintes, hélas! n'étaient que trop fondées, ainsi qu'on va le voir dans le chapitre suivant.

CHAPITRE VIII.

MADAME MOLÉ EST EMMENÉE EN PRISON AVEC SES TROIS ENFANTS.

Les jours, en s'écoulant, ne devenaient pas meilleurs. Ceux qui connaissent l'histoire de ce temps savent qu'il n'y avait alors de sécurité pour personne, et surtout pour les familles des *suspects*. Mme Molé pouvait donc s'attendre à toutes les vexations, à toutes les violences et même à la mort; elle était préparée et résignée à tout. Un jour, à sept heures du matin, elle entend heurter avec violence à la porte de son hôtel; bientôt elle distingue des cris et des menaces. Elle comprend qu'on vient pour l'arrêter, et renouvelle avec ferveur le sacrifice qu'elle avait déjà fait à Dieu de sa vie. A peine avait-elle eu le temps de se vêtir, que les commissaires entrent dans sa chambre; ses enfants n'étaient pas encore levés; on les habille à la hâte, et on les emmène en prison ainsi que leur mère, sans leur donner le temps d'emporter quoi que ce soit, si ce n'est une petite *Bible* et une *Imitation de Jésus-Christ* que Mme Molé portait habituellement dans sa poche (1).

(1) Cette *Imitation de Jésus-Christ* que Mme Molé avait encore au

Comme elle ne pouvait ni marcher ni se mouvoir, on fut obligé de la mettre sur un matelas que quatre de ces hommes prirent par les coins, ajoutant à la brutalité de leurs manières celle des paroles les plus grossières et les plus insultantes. Ils l'emportent en triomphe comme un tigre emporte sa proie. Que l'on se figure, s'il est possible, ce qu'avait d'horrible ce spectacle : une jeune femme de la plus haute distinction et de la plus grande fortune, brisée par la douleur, paralytique, portée à travers les rues de la ville, par des monstres à figures humaines, qui insultaient à son malhenr, et suivie de trois enfants dont l'aîné avait dix ans (1), l'autre huit et l'autre trois. Mais détournons nos yeux de cette scène d'horreur pour les reposer sur un trait de courageuse fidélité d'autant plus précieux à citer qu'il est plus rare : Le

moment de sa mort, fut envoyée à sa fille Mme la vicomtesse de Lamoignon. — Une main amie eut l'adresse, quand on emmenait Mme Molé en prison, de se saisir d'un des écrins où était sa plus riche parure de diamants. Parmi ces pierres précieuses, il s'en trouvait trois si bien travaillées et d'un si haut prix, que le modèle en cristal, pour parer au cas de disparition, avait été envoyé à tous les lapidaires de France et aux cours étrangères. Cet écrin fut remis à Mme Molé après son élargissement.

(1) Cet enfant, qui avait alors dix ans, est M. le comte Molé de Champlâtreux, qui fut ministre de la justice sous Napoléon Ier, pair de France sous la Restauration et ministre de la marine; sous le règne de Louis-Philippe, il était président du conseil et ministre des affaires étrangères.

gouverneur de l'aîné de ses enfants, malgré les instances que lui fit Mme Molé, ne voulut jamais l'abandonner dans ses malheurs. On sait combien cette générosité coûtait cher dans ces jours où le dévouement était un crime. Mais il est des âmes pour qui les dangers ne sont rien, quand il s'agit d'honneur et de reconnaissance; leur courage grandit en proportion de l'imminence du péril. Tel était M. Martin (de Puysieux). Issu d'une famille honorable, plus riche toutefois en nobles et religieux sentiments qu'en biens de la fortune, il avait reçu une éducation soignée et remplissait avec distinction les fonctions de gouverneur auprès de son jeune élève. Cette charge l'avait attaché à la famille Molé dont il avait été à même d'apprécier les hautes vertus, et il ne voulut jamais se séparer de Mme Molé et de ses enfants. Il fut donc écroué avec eux dans la prison dont il ne sortit que quand ils obtinrent leur élargissement (1).

(1) M. Martin (de Puysieux), par les soins de Mme Molé, fit plus tard un excellent mariage; il devint préfet d'Angers sous la Restauration et y mourut. Sa femme et ses enfants, dignes héritiers de ses vertus, se retirèrent à Rome après la révolution de 1830. Une de ses filles était Religieuse à la Communauté du Bon-Sauveur, à Caen.

CHAPITRE IX.

SOUFFRANCES DE MADAME MOLÉ EN PRISON.

On peut dire que la vie de Mme Molé dans sa prison ne fut qu'une longue agonie. La paralysie dont elle avait été frappée au moment de l'incarcération de son mari, dura tout le temps de sa captivité; cependant elle diminuait et disparaissait, mais très-lentement. Le régime de la prison n'était pas propre à la guérir. Elevée dans la délicatesse de l'opulence, cette jeune veuve se voyait dénuée de tout, n'ayant pas même de linge à changer, ni pour elle, ni pour ses enfants. Elle qui naguère était la mère des pauvres, et qui leur portait des aliments ou des remèdes dans leurs tristes mansardes ou leurs caves humides, se voyait réduite à un pain noir, et quelquefois de si mauvaise qualité qu'elle ne pouvait le manger. Pour surcroît de souffrances, elle était gardée à vue, le jour et la nuit, par des hommes choisis par la Convention, et qui semblaient prendre à tâche d'aggraver le sort déjà si rigoureux des prisonniers, en les chargeant d'injures pendant le jour et en troublant leur repos pendant la nuit. Le sommeil de Mme Molé ne pouvait guère être paisible. Soit par une combinaison fortuite, soit par un raffinement de cruauté, on lui avait donné une chambre près de la porte d'entrée de la prison, en sorte que, chaque nuit, elle entendait le fatal marteau qui annonçait l'arrivée des commissaires et des bourreaux; puis une voix de stentor qui appelait les victimes qu'on devait exécuter le lendemain. Il lui semblait donc, à chaque instant, qu'elle allait entendre prononcer son nom, ou du moins, elle devait penser qu'étant sur la liste de mort, son tour ne manquerait pas d'arriver. Dieu en jugea autrement : il voulut qu'après lui avoir ravi ses biens, sa liberté, son époux, on lui laissât la vie, si l'on peut appeler *vie* une existence flétrie par tant de douleurs physiques et morales; car tout souffrait en elle, son corps, son esprit et surtout son cœur. Elle avait, il est vrai, la consolation d'avoir auprès d'elle ses chers enfants; mais cette consolation n'était pas sans amertume. Elle les voyait souffrir sans pouvoir les soulager; elle voyait leurs pieds et leurs mains gonflés ou crevassés par les engelures sans pouvoir y remédier; leurs plaintes et leurs larmes lui navraient le cœur, et elle n'avait à leur donner d'autres adoucissements que ses baisers et ses caresses. Il fallut passer ainsi le rude hiver de 1794 à 1795.

On a lieu de s'étonner qu'une jeune femme délicate qui, jusqu'à la Révolution n'avait connu que le bonheur, jetée tout à coup dans un abime de maux et d'angoisses dont le terme probable était l'échafaud, n'ait pas succombé sous les coups violents qui frappaient tour à tour son cœur d'épouse et de mère. Mais nous devons dire aussi qu'elle avait un consolateur, Celui qui essuie les larmes de la veuve et de l'orphelin, Celui qui soutenait les martyrs dans leurs derniers combats. Malgré la précipitation avec laquelle elle fut enlevée de son hôtel et conduite en prison, elle avait pu emporter avec elle, comme nous l'avons dit, une petite *Bible*, une *Imitation de Jésus-Christ* et surtout son crucifix qu'elle ne quittait jamais. Elle puisait dans ses pieuses lectures la force et la résignation au milieu de ses peines les plus amères. Un regard sur le crucifix suffisait pour élever son courage à la hauteur de son infortune, et pour arrêter sur ses lèvres toute parole de plainte ou de murmure. Oh! qu'ils sont donc malheureux! qu'ils sont ennemis d'eux-mêmes ceux qui n'ont pas la foi! que leur reste-t-il dans les épreuves de la vie pour les consoler? La vertueuse veuve au contraire, quand tous les appuis humains lui manquent, se repose sur Dieu, et Dieu la soutient; elle prie et se trouve fortifiée; elle regarde le crucifix et se résigne.

-∞∞-

CHAPITRE X.

MADAME MOLÉ SORT DE LA PRISON.

Son espérance en Dieu ne fut pas confondue. Il plut enfin au ciel de faire luire sur elle des jours meilleurs. Le règne de la *Terreur* était passé ; la France, épuisée par tant de sang répandu , commençait enfin à respirer. Les prisons furent ouvertes, et il fut permis à Mme Molé de jouir de cette demi-liberté qui fut accordée alors à tous ceux qui gémissaient dans les prisons de la République. On leur assignait le lieu de leur résidence, et ils ne pouvaient s'en éloigner sans s'exposer à être repris. L'on permit à Mme Molé de se retirer au château de Méry (Seine et Oise), qui appartenait à Mme Berryer, sa grand'mère. C'est là enfin qu'elle eut le bonheur de la revoir, ainsi que sa mère, Mme de Lamoignon. Elle n'avait pu recevoir de leurs nouvelles pendant tout le temps de sa captivité, elle ne savait pas même si elles avaient été incarcérées. M. Martin (de Puysieux), qui avait la permission de sortir de temps en temps, n'avait pas pu obtenir, peut-être même n'avait-il pas osé demander des renseignements à leur sujet. En sorte que Mme Molé ignorait ce qu'elles étaient devenues.

Elle avait cru à leur mort, et, de leur côté, elles avaient cru à la sienne. On croit si facilement ce que l'on craint, dans un temps où les passions mauvaises sont mises à la place des lois et de la justice. Quelle fut donc leur joie réciproque à leur première entrevue! Nous renonçons à peindre cette scène attendrissante où elles ne s'exprimaient que par leurs larmes et de tendres embrassements.

Après les premières émotions, elles s'entretinrent de tout ce qu'elles avaient eu à souffrir pendant leur longue détention. Que n'avaient-elles pas à se dire, après avoir épuisé le calice des humiliations et des douleurs! Mais elles n'étaient pas seulement accablées de leurs propres maux; elles souffraient encore de la perte de leurs amis et de leurs proches : l'un avait payé de sa vie son dévouement au roi; l'autre avait succombé aux rigueurs de la prison; celui-ci avait vu ses biens confisqués et vendus à des étrangers; celui-là avait confié son existence à la terre d'exil; tous avaient eu beaucoup à souffrir. Une nouvelle bien douloureuse pour Mme Molé fut celle de la mort du Père Lenfant, ancien jésuite, prédicateur distingué, auquel elle avait donné toute sa confiance. Elle apprit qu'il avait été massacré dans la prison de l'Abbaye avec beaucoup d'autres. Comme elle connaissait la vertu de ce bon religieux, elle se consola dans la pensée qu'il était allé recevoir dans le ciel la couronne des confesseurs et des martyrs.

CHAPITRE XI.

LE CHATEAU DE CHAMPLATREUX DÉVASTÉ.

Mme Molé resta au château de Méry, avec sa mère, sa grand'mère et deux de ses enfants, sous la surveillance de la police, tant que dura le Directoire. La plus jeune de ses filles, nommée Louise, n'ayant jamais pu se consoler de la mort de son père, fut atteinte d'une maladie de langueur qui la conduisit au tombeau. Nous ignorons l'époque précise de sa mort.

Si Mme Molé se retira à Méry plutôt qu'à Champlâtreux qui lui appartenait, c'est que ce dernier château avait été complètement dévasté pendant la *Terreur*. Il ne fut pas cependant incendié comme tant d'autres. Comme il était très-vaste et bien aéré, on eut la pensée d'en faire un hôpital, c'est ce qui le sauva d'une ruine certaine. On y rassembla les galeux, les teigneux, et ceux qui avaient quelque maladie du même genre, et on les logea dans les magnifiques appartements où se pressait, il y a quelques années, la société la plus brillante. Est-ce pour humilier la famille Molé, pour avilir un nom illustre qu'on donna à ce château une pareille destination?

nous ne saurions le dire. Au moins nous pouvons assurer que l'on entrait, sans s'en douter, dans les vues de charité et de bienfaisance de Mme Molé, qui, dans des jours plus heureux, se plaisait à soulager l'indigence et à guérir les infirmités des pauvres honteux, et que nous verrons plus tard employer le reste de sa fortune à fonder un établissement de miséricorde. Mais nous demanderons s'il était nécessaire, pour faire de cette splendide maison un hôpital de galeux, de tout ravager, de tout briser. Qu'a de commun cette dévastation avec la pensée philanthropique de soulager ceux qui souffrent? Or il arriva que des meubles précieux, des tapisseries historiées, des peintures exquises, de tout l'ameublement de ce château, enfin, rien ne demeura intact. Un seul tableau trouva grâce auprès des nouveaux Vandales. Ce tableau, qui couvrait tout un côté du grand salon où on le voit encore aujourd'hui, était un don de Louis XVI, et, en même temps, un témoignage de sa reconnaissance envers la famille. Ouvrage du célèbre Vincent (1), peintre français, il représente le fameux Matthieu Molé, au temps de la Fronde, lorsqu'une horde d'assassins se précipite au

(1) Vincent (François-André), né à Paris le 30 décembre 1746, était un des disciples les plus distingués du célèbre Vien. Grand admirateur de Michel-Ange, il imitait sa méthode dans ses compositions. Il échappa à l'échafaud pendant la Révolution, malgré les dénonciations faites plusieurs fois contre lui, et mourut en 1816.

Palais pour le poignarder : Molé se présente à eux avec une noblesse et une fermeté qui les arrête, et il fait tomber l'arme des mains de celui qui conduisait la troupe homicide par ces paroles mémorables : *Il y a loin encore du poignard d'un assassin au cœur d'un honnête homme.* A la vue de ce tableau, les héros de 93 crurent se reconnaître dans cette bande de pillards et d'égorgeurs; et, tout fiers de cette ressemblance dont ils auraient dû rougir, ils respectèrent ce tableau qui, de leur propre aveu, les représentait au naturel. Mais, à cette exception près, tout fut pillé, ravagé, brisé (1).

CHAPITRE XII.

MADAME MOLÉ RECOUVRE UNE PARTIE DE SES BIENS ET S'OCCUPE DE L'AVENIR DE SES ENFANTS.

Après tant de tribulations et de souffrances, il fut enfin donné à Mme Molé de jouir d'un peu de repos. Son esprit, son cœur et son corps en avaient un égal besoin. La tourmente révolutionnaire était passée,

(1) Le château de Champlâtreux a été restauré et a repris son ancien lustre depuis la Révolution.

laissant après elle bien des ruines à relever, bien des injustices à réparer, bien des plaies à guérir. On ne l'entendait plus gronder que dans le lointain, et si le calme n'était pas encore parfait, on pouvait au moins l'espérer. Les dernières restrictions mises à la liberté de ceux qu'on avait élargis n'existaient plus. Ils pouvaient choisir leur domicile et le changer à leur gré. Alors, comme après un naufrage, chacun s'occupa à recueillir cette partie de ses biens qui avait échappé à la tempête, et à ressaisir, autant qu'il le pouvait, son ancienne fortune : c'est ce que fit Mme Molé. L'avenir de ses enfants la préoccupait. Sans doute, le plus bel héritage qu'elle put leur laisser était l'exemple de ses éminentes vertus; mais elle voulait aussi, par un sentiment bien légitime et bien naturel au cœur d'une mère, leur léguer une position honorable et une fortune indépendante. Elle s'occupa donc activement du recouvrement de ses biens, qui étaient considérables, et elle eut le bonheur d'en ressaisir une grande partie.

Une fois sortie de ces embarras temporels, où elle réussit au-delà de son attente, elle se remit tout entière à l'éducation de ses enfants. Rien ne lui tenait plus au cœur que de leur inculquer avec les éléments de la science ceux de la vertu. C'eût été peu pour elle de leur apprendre la sagesse humaine, si elle ne leur eût inspiré en même temps la sagesse divine;

pour y réussir, elle soutenait ses leçons par l'autorité de ses exemples, ne leur prescrivant aucun devoir qu'elle ne le pratiquât elle-même. Sa vie était comme un livre constamment ouvert devant eux où ils pouvaient lire les obligations que leur imposaient le Christianisme et leur position sociale. Quand elle les vit suffisamment instruits et assez affermis dans leurs principes pour paraître sans danger dans le monde, elle pensa à un devoir bien important pour une mère chrétienne, c'était de les marier convenablement. Quoiqu'ils fussent bien jeunes encore, elle jugea qu'il était temps d'y penser. Après donc avoir recommandé cette affaire au *Père des lumières de qui vient tout bien excellent et tout don parfait* (Jac. 1. 17.), elle fixa son choix qui fut agréé de ses enfants, et les mariages furent conclus. Son fils épousa Mlle de Briche, et sa fille M. de Lamoignon, son oncle maternel.

CHAPITRE XIII.

ELLE FORME LE PROJET DE SE RETIRER DU MONDE.

Depuis longtemps Mme Molé nourrissait dans son cœur la pensée de se retirer du monde; mais Dieu, qui lui avait inspiré ce pieux dessein, ne lui avait pas permis jusque-là de le réaliser. Après le mariage de ses enfants, se trouvant plus libre, elle crut que le moment était venu pour elle de s'occuper exclusivement de son salut et de sa perfection dans une Communauté religieuse. Elle n'avait jamais aimé le monde, dont elle avait été à même d'apprécier les vains plaisirs et les fausses joies. Dès sa jeunesse on la voit ennemie de la dissipation et des vanités du siècle. Ce n'est pas qu'elle n'eût pu y paraître avec avantage. Sa fortune, son esprit, ses connaissances variées, ses attraits lui promettaient des succès assurés; mais son cœur y était à l'étroit; il avait besoin de la solitude pour se dilater à son aise. Elle voulait donc se consacrer entièrement à Dieu par les vœux de Religion; mais que d'obstacles à ce projet!

Les Ordres religieux avaient été détruits, leurs maisons pillées ou vendues, leurs communautés dissoutes, leurs biens aliénés. Il ne restait plus que quelques anciennes Religieuses, débris dispersés des anciens couvents, la plupart trop âgées ou infirmes pour reprendre les austérités du cloître, ou bien trop jeunes au moment de la Révolution pour avoir bien saisi et conservé l'esprit de leur Institut. Tout était à refaire à neuf; mais, d'un autre côté, le titre de Fondatrice effrayait son humilité. Selon sa conviction intime, elle n'avait ni la science, ni l'expérience, ni la sainteté nécessaires pour réussir dans une pareille entreprise. « Comment serais-je Professe avant d'avoir « été Novice ? se disait-elle ; comment guider les au- « tres lorsque je ne sais pas me conduire moi-même ? » Telles étaient les pensées que lui suggérait sa modestie. Dans cet état d'incertitude et d'embarras, elle consulta M. Mayneaud de Pancemont, prêtre vertueux, revenu de l'exil et rentré depuis peu de temps dans sa cure de Saint-Sulpice. Celui-ci, ayant mûrement examiné cette question, crut reconnaître, dans le dessein de Mme Molé, l'inspiration du Saint-Esprit, et pensa tout de suite à utiliser les dispositions de la pieuse veuve pour réveiller la foi dans sa paroisse. Mais ayant été, sur ces entrefaites, nommé par le Souverain Pontife Pie VII et par le premier Consul Bonaparte, à l'évêché de Vannes, il lui suggéra la pensée de le suivre dans son diocèse, lui faisant entrevoir la possibilité d'accomplir son pieux projet. Comme il était le directeur de sa conscience, elle adopta cette idée, croyant y voir l'expression de la volonté de Dieu sur elle, d'autant plus qu'elle était conforme à cet esprit de détachement et d'abnégation de toutes choses que Dieu lui inspirait depuis longtemps.

Mais, au moment d'accomplir son projet, elle vit se soulever contre elle toutes les oppositions qu'avait trouvées autrefois sainte Jeanne-Françoise de Chantal, quand elle résolut de quitter le monde et de fonder l'Ordre de la Visitation, sur le conseil et la décision du saint Evêque de Genève. Il y a tant de rapports entre ces deux femmes fortes, que nous ne pouvons nous défendre de les signaler ici, afin de montrer avec évidence que le même esprit de Dieu les inspirait toutes les deux et les appelait à la vie religieuse. L'une et l'autre était veuve et à la tête d'une grande fortune; l'une et l'autre estimée des riches pour sa vertu et chérie des pauvres pour sa bienfaisance; sainte Jeanne de Chantal quittant un père qui l'adorait et un beau-père âgé de quatre-vingts ans; Mme Molé se séparant de sa mère dont elle était l'idole, et de sa bonne grand'mère, très-âgée et à qui elle avait tant d'obligations; conservant, pour tout fruit de leur mariage, l'une trois enfants et l'autre deux; et si Mme Molé n'a pas eu à passer sur le corps de son fils comme la Sainte, disciple de l'Evêque de Genève, elle eut néanmoins, comme elle, à lutter contre sa tendresse maternelle, et, comme elle aussi, elle reçut de Dieu ce courage surhumain qui fait triompher de tous les obstacles de la nature. Les oppositions de sa famille furent encore plus fortes, quand on apprit dans quelle contrée elle avait résolu de se consacrer à Dieu. La Bretagne était, aux yeux de tous, comme une terre étrangère, un lieu d'exil. Le calme n'y était pas encore bien rétabli; c'était comme un volcan mal éteint qui pouvait, à chaque instant, faire de nouvelles eruptions. Elle n'y était pas connue et n'y connaissait personne. Elle n'y trouverait pas un ami, et pouvait être exposée à beaucoup de privations, de vexations même. Enfin il leur semblait que, quand elle serait établie dans cette province lointaine, si jamais elle y parvenait, il y aurait entre eux et elle un monde infranchissable. Aussi n'épargnèrent-ils rien pour la dissuader. Que ne se fixait-elle à Paris, où elle aurait toutes les ressources d'une grande ville, de ses connaissances, de ses amis, de sa famille? Telles étaient les objections que l'on faisait autrefois à Mme de Chantal quand elle voulut se retirer à Annecy, et qu'on renouvelait à Mme Molé quand elle résolut de s'établir à Vannes. Mais on ne réussit pas mieux auprès de l'une qu'auprès de l'autre. Mme Molé avait entendu la voix de Dieu, et c'eût été un crime à ses yeux de ne pas y répondre pour écouter celle de la chair et du sang. Sa foi vive lui disait que Dieu ne l'abandonnerait pas dans une œuvre où elle n'avait en vue que sa gloire et le salut du prochain. Forte de cette conviction, elle ne recule devant aucun sacrifice, elle ne redoute aucun danger, et, malgré les cris de la nature, elle se presse de se rendre au lieu où la voix du Seigneur l'appelle.

CHAPITRE XIV.

ELLE FONDE A VANNES LA CONGRÉGATION DES SOEURS DE LA CHARITÉ DE SAINT-LOUIS.

Il fut convenu, avec Mgr de Pancemont, qu'elle ferait d'abord un voyage à Vannes, accompagnée de M. l'abbé Jarry, prêtre pieux du diocèse de Sens, secrétaire du nouvel Evêque (1). Ce voyage n'avait d'autre but que de sonder le terrain, de voir quelle

(1) M. l'abbé Jarry était un prêtre d'une piété exemplaire, d'une aimable candeur, d'un jugement droit et d'un désintéressement poussé quelquefois jusqu'à l'excès. Après quarante-trois ans de ministère, il n'a laissé que sa bibliothèque, remarquable par le choix des ouvrages plutôt que par le nombre des volumes. — Comme prédicateur, il s'est acquis une réputation méritée, dans les principales villes de la Bretagne où il est allé plusieurs fois pour les stations de Carême ou d'Avent. Son style simple, mais correct, était relevé par une voix nette et sonore, une pose de corps noble et grave, et par des gestes expressifs et toujours naturels. Du reste, on peut juger de son talent pour la chaire par l'appréciation publique. Quand un prédicateur distingué passait par Vannes et donnait un sermon à la cathédrale, on demandait : *Prêche-t-il aussi bien que l'abbé Jarry ?* — Ce prêtre vertueux affectionnait singulièrement les RR. PP. de la Compagnie de Jésus ; il se plaisait à se trouver au milieu d'eux dans leurs heures de récréation. *Ici*, disait-il, *je me sens à mon aise, et je suis comme en famille.* C'est surtout dans ses épanchements

maison conviendrait à la fondation projetée, et à quelles conditions on pourrait l'acquérir. Dieu, qui avait inspiré cette entreprise, aplanissait les difficultés devant sa fidèle servante. Elle trouva ce qui lui convenait et revint aussitôt à Paris pour rendre compte à son sage directeur du résultat de ses démarches. Ils bénirent Dieu ensemble de ce que, par ces premiers succès, il semblait approuver leur dessein et en promettre l'accomplissement. Mgr de Pancemont ratifia ce qu'elle avait déjà fait; mais afin de ne rien hasarder dans une œuvre aussi importante et dont les fondements devaient être bien assurés, il voulut tout voir par lui-même et lever les derniers obstacles, s'il

d'amitié avec eux qu'il se laissait aller à ces saillies d'esprit et à cette franche et naïve gaîté qui était le fond de son caractère.

Successivement secrétaire de l'Evêché, chanoine, grand-vicaire, il sut conquérir dans tous ces postes l'estime et la confiance générale. Il fut supérieur de l'Institut fondé par Mme Molé, pendant quinze ans, et le bien qu'il a fait à cette maison religieuse ne s'oubliera jamais. — Dans sa dernière maladie, qui a duré quatre mois, il fut toujours d'une humeur égale, malgré la violence de la douleur : *Que la volonté de Dieu soit faite!* répétait-il souvent; et par ce seul mot il révélait la paix et la sérénité de son âme. Aussi quelqu'un, qui l'avait visité dans sa maladie, disait : *Dans le cours de sa vie, le bon abbé Jarry nous a appris, par ses exemples et ses paroles, comment il fallait vivre; sur son lit de douleur, il nous apprend comment il faut mourir.* — Né à Pont-sur-Yonne, le 8 janvier 1760, il est mort à Vannes, chez les Sœurs de la Charité de Saint-Louis, et enterré dans leur chapelle auprès de Mme Molé, le 5 mars 1846.

y en avait encore. Il partit donc de Paris, quelques mois après, avec M. Jarry, son secrétaire, pour aller prendre possession de son Evêché. C'était en 1802.

Rendu à Vannes, il ne put qu'applaudir au choix de la maison sur laquelle Mme Molé avait jeté les yeux. Placée sur le bord du canal qui forme le port de Vannes, cette propriété, d'un côté, touche à la ville et, de l'autre, s'étend dans la campagne. On y respire un air pur, et la vue se repose agréablement sur les deux quais du canal, régulièrement plantés de grands arbres, et sur le tableau mouvant des barques qui passent et des navires que l'on construit. Il est vrai que la maison avait besoin d'énormes réparations. C'était un ancien couvent connu sous le nom de *Père-Eternel* (1), occupé, avant la Révolution, par une Congrégation de Dames pieuses. Presque tout y était à refaire, ou au moins à réparer. Mme Molé n'avait pas reculé devant les frais d'acquisition, les réparations ne l'effrayèrent pas. Elle acheta cette maison quarante mille francs, pour en faire le berceau du nouvel Institut qu'elle voulait fonder. Lorsque Mgr de Pancemont crut que tout était suffisamment prêt pour abriter la pieuse Fondatrice et celles qui voudraient se

(1) On croit que le nom donné à cette maison lui vient d'un groupe en sculpture qu'on y voyait autrefois et qui représentait le *Père-Eternel*. Ce groupe est peut-être le même qui existe à Sainte-Anne d'Auray, au-dessus de la *Scala Sancta*.

dévouer avec elle au salut et à l'instruction des enfants pauvres, il lui écrivit de venir le rejoindre à Vannes. Elle n'attendait que cet avis qui fut un ordre pour elle.

Pendant tous ces délais que commandait la prudence, la pieuse veuve n'était pas restée oisive. Son zèle avait fomenté des vocations. Plusieurs même étaient écloses ; il ne s'agissait plus que de faire un bon choix. Ce choix fut fait avec beaucoup de discernement. Mme Molé emmena avec elle six personnes d'une grande piété, et arriva dans le Morbihan qu'elle devait édifier par l'exemple de ses vertus. Nous ferons remarquer encore ici un trait de ressemblance entre elle et sainte Jeanne de Chantal, qui emmena aussi avec elle à Annecy plusieurs personnes de bonne famille qui voulurent s'associer à son dévouement. Mme Molé éprouva une autre consolation bien sensible. Sa mère, Mme de Lamoignon, dans l'admiration des vertus de cette fille chérie, ne put jamais consentir à se séparer d'elle ; mais, comprenant qu'elle essaierait en vain de la retenir, elle voulut la suivre dans sa solitude, et, si elle ne s'engagea pas par les vœux de religion, on peut dire qu'elle en avait l'esprit. La Communauté de Vannes conserve encore le souvenir de son humilité, de sa régularité, de sa ferveur (1).

(1) Mme de Lamoignon appréciait la haute piété de sa fille. Elle-même

Aussitôt qu'elle fut arrivée à Vannes, Mme Molé s'occupa, de concert avec son sage directeur, à fonder cet établissement qui existe encore aujourd'hui pour l'instruction des petites filles de la classe pauvre, que l'on reçoit dans la maison vers l'âge de dix ans, et qui n'en sortent que lorsque, étant formées au travail et à la vertu, elles sont en état de se suffire à elles-mêmes. Celui qui, dans les jours de sa vie mortelle, bénissait les petits enfants, devait nécessairement abaisser sur cette maison ses regards de complaisance et la couvrir de sa protection. Aussi prospéra-t-elle avec autant de rapidité que d'édification ; et l'on vit bientôt plusieurs dames pieuses, des bonnes familles du département, prier Mme Molé de les recevoir au nombre de ses filles, pressées qu'elles étaient par la grâce divine de partager ses travaux et de consacrer leurs biens et leur vie au soulagement et à l'instruction des enfants pauvres.

Ainsi fut fondé l'Institut des *Sœurs de la Charité de*

était très-édifiante. Lorsque, avant la Révolution, elle fréquentait la Cour, dans le temps où plusieurs des dames qu'on y voyait briller, donnaient lieu, par la légèreté de leur conduite, de suspecter leur vertu, jamais elle n'éveilla sur la sienne le moindre soupçon. Plus tard, instruite elle aussi à l'école de la tribulation, elle en sortit plus pure et plus fervente. Enfin, retirée dans la Communauté du Père-Eternel, elle y vécut comme une Religieuse, assistant à tous les exercices avec la ponctualité d'une Novice, jusqu'à l'âge de 94 ans. Elle a survécu six ans et demi à notre pieuse fondatrice.

Saint-Louis. Institut de *charité*, puisque la pratique de cette vertu est le but qu'on se propose ; Institut de la charité de *Saint-Louis*, parce que ce saint roi de France devait en être le protecteur et le modèle, comme nous le lisons expressément dans la formule des Vœux que prononcent les Religieuses au jour de leur profession (1).

CHAPITRE XV.

MADAME MOLÉ ÉCRIT LES CONSTITUTIONS DU NOUVEL INSTITUT.

Ce n'était pas assez d'avoir fondé une Congrégation, il fallait la mettre en état de vivre de sa vie propre. Toute société a besoin de lois qui en régissent tous les membres. Sans cela ils deviendraient étrangers entre eux, et la société serait bientôt dissoute. Mme Molé l'avait compris, mais le travail l'effrayait ; car elle voyait bien qu'une chose essentielle lui manquait pour composer un Code religieux, l'expérience. Or, l'expérience ne s'acquiert qu'avec le temps, et ce

(1) Il paraît certain que M. et Mme Molé s'étaient promis mutuellement que celui des deux qui survivrait à l'autre fonderait un établissement de charité. Mais il n'était pas question de vie religieuse.

temps elle ne l'avait pas. Le besoin d'une Règle était urgent et se faisait sentir tous les jours. Mgr de Pancemont la pressait de mettre la main à l'œuvre, il lui en montrait la nécessité. Mais cela ne suffisait pas pour rassurer son humilité, tant elle était convaincue de son incapacité pour ce travail ! Il fallut un ordre formel de son directeur. Voici ce qu'elle lui écrivait à ce sujet : « Vous exigez donc de moi, en vertu de la « sainte obéissance, que je vous dise mes pensées sur « l'œuvre sainte que nous traitons. Je vais le faire, « sacrifiant à la pratique de cette vertu mon sentiment « propre. Je vous l'avoue, je tremble en commen- « çant. Les pensées dont je vais vous faire part sont- « elles de Dieu ? sont-elles de moi ? Vous me recom- « mandez d'épurer mon âme de tous les sentiments « terrestres pour écouter avec calme et goûter avec « joie tout ce qu'il plaira au Maître suprême des vo- « cations de me faire entendre. Ah ! Monseigneur et « mon Père, je le sais, il est des âmes pures qui sont « avec leur Dieu dans les plus douces communica- « tions et ne parlent que par son Esprit ; mais en est- « il ainsi de moi ? Non, non. Oh ! si vous connais- « siez mon indignité !... mais pourquoi m'étendrais-je « sur ce point ? j'ai promis d'obéir, j'obéis. »

Tels sont les sentiments d'humilité, mais aussi de parfaite obéissance avec lesquels Mme Molé entreprit d'écrire les Constitutions de sa société naissante. Convaincue de son incapacité, elle appela à son secours l'expérience des fondateurs d'Ordres religieux; elle parcourut les pratiques des Pères du désert, les Règles de Saint-Benoît, de Saint-Basile, de Saint-Augustin, de Sainte-Thérèse, avec une patience infatigable; prit des notes très-étendues sur les points qui paraissaient pouvoir entrer dans son plan, et, après avoir tout pesé mûrement devant Dieu, elle soumit son travail à son directeur, lui disant de retrancher, d'ajouter, de modifier, sans tenir aucun compte du jugement qu'elle portait sur chaque chose. « Il est « convenable, disait-elle, que je reçoive de vous la « Règle plutôt que de la fixer moi-même. » On comprend facilement, en lisant ses écrits, ce qu'il lui en a coûté pour composer cette Règle. Il est vrai que Mgr de Pancemont l'avait beaucoup aidée, non-seulement en lui donnant les livres nécessaires, mais encore en lui signalant les passages qui devaient le plus fixer son attention. Mais il exigeait d'elle qu'elle lui donnât son avis sur tous les points et qu'elle entrât dans le détail de ses motifs. Elle s'en plaignit un jour à lui-même, avec cette confiance respectueuse qu'elle eut toujours pour ceux qui la dirigeaient : « Vous « voulez que je vous dise tout et vous ne me dites « rien, et encore vous voulez que je ne me trouble « pas. »

Cette inquiétude ne l'empêchait pas de travailler de toutes ses forces à élever l'édifice du nouvel Institut. Elle y consacrait souvent les heures silencieuses de la nuit où elle se trouvait plus recueillie; mais elle n'écrivait rien qu'après avoir demandé les lumières d'en-haut, se rappelant la parole du Prophète: *Si Dieu n'élève lui-même la maison, c'est en vain qu'y travaillent les architectes.* (Ps. 126. 1.) Chaque article était médité à loisir, et, après l'avoir écrit, elle le portait avec elle quand elle allait communier; mais il n'était définitivement arrêté que quand il avait reçu la sanction du directeur. O vous, Sœurs de la Charité de Saint-Louis, qui jouissez aujourd'hui du fruit des veilles et des prières de votre pieuse Fondatrice, comme vous avez hérité de ses vertus et de son esprit religieux! si vous aviez besoin d'être excitées à la pratique de votre sainte Règle, nous vous dirions: Rappelez-vous ce qu'il en a coûté à votre Mère pour la composer. Chaque article a été arrosé de ses larmes, sanctifié par sa prière, trempé, pour ainsi dire, dans le sang de Jésus-Christ à la table sainte. Quelle doit être pour elle votre reconnaissance! et quelle fidélité ne devez-vous pas apporter à la pratique exacte de vos Constitutions!

CHAPITRE XVI.

ELLE FAIT SA PROFESSION ET EST NOMMÉE SUPÉRIEURE.

Il est facile de voir, d'après ce que nous venons de dire, jusqu'à quel point Mme Molé possédait l'esprit religieux. L'étude approfondie des Règles monastiques, le soin qu'elle avait mis à s'en bien pénétrer, la pratique détaillée des moindres observances, avaient fait de cet esprit comme son élément propre. Le monde n'était pas assez pur pour cette âme, il lui fallait le recueillement de la solitude. Aussi Mgr de Pancemont, témoin de sa ferveur et des progrès qu'elle faisait tous les jours dans la perfection, crut le moment arrivé où elle devait se consacrer à Dieu par les Vœux de religion. Il était temps, en effet, de récompenser tant de dévouement et de sacrifices. Il s'en ouvrit à elle et lui assigna même le jour où elle devait faire sa Profession. A cette nouvelle le cœur de l'humble servante de Dieu fut inondé de joie. Des larmes d'attendrissement coulaient de ses yeux, et, toute indigne qu'elle se croyait de cette faveur, elle soupirait après l'heureux moment où elle pourrait dire à Dieu : *Vous avez rompu mes liens, je vous offri-*

rai un sacrifice de louange. Ce moment arriva ; mais Dieu, qui se plaisait à éprouver sa soumission, ne permit pas que sa joie fût sans mélange. Il réveilla en elle toutes les appréhensions qu'elle avait déjà conçues en écrivant ses Constitutions , et qu'elle avait manifestées à son directeur. La pensée , qu'il voulait l'établir Supérieure du nouvel Institut, alarmait son humilité à tel point qu'elle lui ôtait la faculté de réfléchir à toute autre chose. C'était comme un fantôme effrayant qui se dressait devant elle et l'arrêtait tout court. Il faut l'entendre parler elle-même sur ce sujet pour comprendre son trouble et son effroi :

« Avant d'entrer dans la discussion des questions « que vous me proposez (1) , je vous dirai que je ne « puis me débarrasser de cette pensée qui m'intimide « étrangement : n'ai-je pas sujet de craindre et même « de croire que vous me destinez à la conduite de ces « saintes âmes ? Ah ! s'il en est ainsi, je m'arrête ; je ne « puis plus penser librement. Moi, conduire les âmes « dans le chemin de la perfection ! moi, misérable « pécheresse, indigne créature, ouvrir ou refermer les « trésors de la grâce ! Non, non, je ne puis ; cela « surpasse mes forces. J'espère bien que le Seigneur « vous pénétrera assez de la profondeur de ma bas- « sesse et de mes misères pour vous détourner de ce

(1) Il s'agissait précisément des devoirs et de l'autorité de la Supérieure.

« dessein. Mais, je vous l'avoue, cette crainte me « gène dans ce que j'ai à vous dire. Comment pour- « rais-je parler avec toute la force que je dois, d'un « compte aussi rigoureux devant Dieu que celui des « Supérieurs? Comment mettrais-je de côté la crainte « de me voir chargée d'un poids si énorme? Esprit- « Saint, Esprit de mon Dieu, venez à mon secours. « C'est pour votre gloire, divin Jésus, que je travaille, « faites donc que je m'oublie moi-même, et que ce « ne soit plus moi qui pense, ni qui parle, mais que « ce soit vous uniquement qui pensiez, qui parliez, « qui agissiez en moi. » — « Je reprends la plume. « Vingt-quatre heures se sont écoulées avant que j'aie « pu me déterminer à vous tracer mes pensées. Ja- « mais, non jamais je ne me suis trouvée aussi inti- « midée, aussi interdite. »

Il fallait que l'humble servante de Dieu nous initiât elle-même à ces inquiétudes secrètes, pour que nous pussions en avoir une idée. Voilà donc sa profonde humilité aux prises avec son obéissance. Qui l'emportera? Ces deux vertus lui sont également chères; elle voudrait les concilier ensemble. C'est pour cela qu'elle invoque l'Esprit de Dieu, et l'Esprit de Dieu lui répond que l'humilité se trouve dans l'obéissance, et qu'elle doit sacrifier ses répugnances à la volonté de son directeur.

Elle se dispose donc à accomplir les desseins de Dieu sur elle. Son cœur est partagé entre la joie et la crainte, la joie de dire au monde un éternel adieu, en élevant entre elle et lui la barrière infranchissable des Vœux de religion, et la crainte de succomber sous le poids de la charge qui allait lui être imposée. Ce fut le 25 mars 1803, fête de l'Annonciation de la Sainte-Vierge, qu'elle fit sa Profession, en présence de Mgr de Pancemont, son Evêque, qui, ce jour-là même, la nomma Supérieure à vie de l'Institut des Sœurs de la Charité de Saint-Louis. Les mêmes raisons qui l'avaient portée à fonder son Institut sous le nom de ce saint roi de France, la portèrent également à le choisir pour son propre patron dans l'émission de ses Vœux. Aussi nous la verrons désormais signer ses lettres : *Veuve Molé, dite en religion Sœur Saint-Louis.*

CHAPITRE XVII.

SAGESSE DE SON GOUVERNEMENT.

Autant elle s'était crue indigne d'être élevée à la charge de Supérieure, autant elle se montra habile à en exercer les fonctions. Elle avait ce qu'on pourrait appeler l'instinct du gouvernement. Douce et ferme tout à la fois, elle se faisait aimer de toutes ses Sœurs, sans pour cela laisser impunies les moindres fautes. Quand elle les reprenait, il semblait que ce n'était pas elle qui parlait, mais la Règle de la maison dont elle avait soin de rappeler l'article qu'on violait; en sorte que les coupables ne pouvaient accuser ni son caprice, ni son humeur, mais, rendant justice à son zèle pour la discipline religieuse et pour leur perfection, acceptaient la réprimande de bonne grâce et se corrigeaient de leurs défauts. D'ailleurs, qu'auraient-elles pu objecter quand elles voyaient leur Mère se soumettre, avec une religieuse ponctualité, aux plus petites observances. Elevée au-dessus des autres par sa qualité de Supérieure, elle était leur égale devant la Règle, dont elle aurait cru affaiblir l'autorité si elle ne s'y était astreinte comme la dernière de ses Sœurs. Ainsi sa conduite exemplaire ôtait aux autres tout prétexte de dispense.

Il est facile de s'expliquer l'autorité qu'elle avait sur toutes ses Filles et la confiance que celles-ci avaient dans leur Mère. Aussi recouraient-elles volontiers à sa direction dans leurs doutes et leurs inquiétudes, et jamais elles ne se retiraient sans qu'elle leur eût donné des conseils empreints d'une sagesse divine; car Dieu lui avait accordé un don de discernement qui lui faisait comprendre les besoins spirituels de ses Sœurs, et lui indiquait les remèdes qu'elle y devait appliquer. Douce et compatissante par caractère, sa bonté les encourageait à lui dévoiler les secrets de leur cœur. Elle ne se plaignait jamais de leurs visites trop longues ou trop fréquentes. Quelquefois même elle les provoquait, et, si on lui demandait à quelle heure on pourrait la trouver, elle répondait agréablement que l'heure d'une Supérieure était l'heure de celles qui avaient besoin de lui parler.

Il ne faudrait pas croire cependant que cette bonté, qui lui était naturelle, dégénérât en faiblesse. Elle usait quelquefois de sévérité, surtout quand il s'agissait de la Règle, sachant bien que, si elle n'y tenait pas fortement la main, l'édifice religieux qu'elle s'efforçait d'élever serait ruiné par la base. Nous aurons occasion de le remarquer dans la suite de cette histoire. Contentons-nous, pour le moment, d'un seul fait qui, précisément parce qu'il paraît peu important en lui-même, nous montre mieux combien la vigilance de la Mère Saint-Louis était exacte et rigoureuse. Voyant, un jour, une de ses Sœurs qui venait à elle en courant et avec un air un peu dissipé, elle l'arrête et lui dit : « Où courez-vous donc ainsi? vous « avez l'air d'une jeune pensionnaire. Retournez jus- « qu'au fond de la salle par où vous êtes entrée ; je « veux vous voir revenir à moi avec la gravité et la « modestie qui conviennent à une Religieuse. » Une des premières compagnes de la Mère Saint-Louis, que nous avons beaucoup connue, nous disait avec simplicité : « Notre Mère Fondatrice était bonne et in- « dulgente au-delà de ce que je pourrais dire ; mais

« elle savait aussi nous faire subir de solides épreuves « où l'amour-propre n'était guère ménagé. Pour ma « part, j'en sais quelque chose. Oh! si encore j'en « avais bien profité! » Cela suffit pour nous faire connaître cet heureux mélange de douceur et de fermeté qui se trouvait dans la Mère Saint-Louis, et qui est le caractère d'un gouvernement sage et selon l'Esprit de Dieu, puisque lui-même, nous dit le Prophète, *accomplit ses desseins avec force et dispose tout avec suavité.* (Sap. 8. 1.)

Aussi cette Communauté faisait l'édification de la ville. Le parfum des vertus religieuses qu'on y pratiquait se répandait au-dehors et inspirait au rédacteur de l'*Annuaire du Morbihan* pour l'an XII (1804) ces paroles d'admiration et de reconnaissance : « Depuis « peu, Mgr Pancemont, Evêque du Morbihan, a « formé un établissement pour l'instruction des jeu- « nes filles, dans la maison de la ci-devant Commu- « nauté du Père-Eternel. On peut le considérer « comme l'asile de l'innocence et de la vertu...... « Mgr Pancemont ne pouvait mieux assurer le succès « de ses vues bienfaisantes qu'en confiant le soin de « cette maison à des Dames dont le mérite est au- « dessus des éloges qu'on en pourrait faire. Nous au- « rions désiré publier leurs noms, mais leur modestie « s'y est opiniâtrément refusée. Elles ne pourront « pas cependant imposer silence à la reconnaissance « publique. »

CHAPITRE XVIII.

LA MÈRE SAINT-LOUIS PART POUR PARIS. — ELLE PRÉSENTE LA RÈGLE DE SON INSTITUT A SA SAINTETÉ PIE VII.

Pendant que l'humble servante de Dieu se sanctifiait dans la solitude et la prière, le monde politique s'agitait pour des intérêts bien différents. Les événements se succédaient avec rapidité. Napoléon Bonaparte, devenu empereur des Français, voulut être sacré par le Souverain Pontife lui-même. Il n'appartient pas à notre histoire de dire les négociations qui eurent lieu à ce sujet, et comment le vénérable Pontife fut amené à condescendre à la volonté d'un homme que le bien de la religion conseillait de ménager. Il suffit de dire que l'Evêque de Vannes, ayant été appelé à Paris pour assister à la cérémonie du sacre de Napoléon Ier, il engagea beaucoup la Mère Saint-Louis à s'y rendre aussi elle, pour y voir ses enfants, mais plus encore pour avoir l'occasion de présenter la Règle de son Institut au Souverain Pontife. Elle accepta avec joie cette invitation et partit pour la Capitale à peu près en même temps que le Prélat.

Ce fut une vraie consolation pour elle de revoir ses chers enfants auxquels elle avait, pour ainsi dire, échappé, il y avait deux ans, pour épargner à leur tendresse et à la sienne une trop vive émotion. Ils purent comprendre que la religion, loin d'altérer ses sentiments d'amour maternel, les avait rendus et plus purs et plus forts. Le peu de temps qu'elle fut avec eux se passa dans un épanchement de cœur réciproque, et, si cette entrevue donna lieu, d'une part, à de doux et tendres reproches, elle inspira, de l'autre, des réponses pleines de foi et d'énergie chrétienne. La Mère Saint-Louis se montra *Religieuse*. Elle avait deux familles, l'une selon la nature, l'autre selon la grâce; elle se devait à toutes les deux. Après donc avoir donné une juste satisfaction à la première, elle devait s'occuper des intérêts de la seconde qui étaient le but principal de son voyage.

Mgr de Pancemont obtint de Sa Sainteté une audience particulière pour la Mère Saint-Louis. Déjà il avait remis au Cardinal Caselli (1), théologien du Saint-Père, la Règle des Sœurs de la Charité; et ce Prélat, après l'avoir gardée quelques jours, la lui avait rendue, en lui disant qu'il l'avait lue avec satisfaction, et que, si on demandait l'approbation de Sa Sainteté, on l'obtiendrait sans peine. Comme il n'y avait qu'un an que cette Règle était en vigueur,

(1) Voir la note au Chapitre XXXIV.

et que l'expérience qu'on en ferait pouvait y apporter quelques modifications, la pieuse Fondatrice ne crut pas devoir solliciter cette approbation. Le Cardinal Caselli loua la sagesse de cette conduite, et voulut bien dire à la Mère Saint-Louis que, quand le moment serait venu, elle pouvait solliciter cette approbation avec la confiance qu'elle ne lui serait pas refusée : c'était tout ce qu'elle désirait pour le moment.

Le 14 janvier 1805, l'Evêque de Vannes l'introduisit en audience particulière auprès du vénérable Pontife Pie VII. Prosternée aux pieds du Vicaire de Jésus-Christ, elle lui fit, en italien, la protestation de son attachement à la foi catholique, lui exprima le désir qu'elle avait de voir rétablir les maisons religieuses en France, et lui demanda sa bénédiction pour elle et pour sa Communauté. Voici ses paroles ; nous traduisons :

« Très-Saint-Père, quel moment précieux pour moi « que celui où Votre Sainteté ne dédaigne pas de re- « voir l'hommage qu'il m'est si doux de lui offrir, de « ma foi et de mon entier dévouement à l'Eglise !

« Depuis longues années la vie religieuse était « l'objet de tous mes désirs. Ils semblaient acquérir « une nouvelle force dans les larmes que je versais « en secret sur la destruction de ces asiles de la « vertu.

« Voilà deux ans que la divine Providence qui se « sert des instruments les plus indignes pour accom-

« plir ses desseins, m'a appelée du fond de ma re-
« traite où je m'étais ensevelie, pour travailler, sous
« la direction d'un vertueux Prélat, à réédifier ce
« que l'impiété de nos jours avait détruit.

« Je les ai faits ces Vœux religieux après lesquels
« je soupirais. Je les ai contractés ces engagements
« si honorables et si doux. Quelle consolation pour
« moi, si Votre Sainteté daigne sanctifier, par sa bé-
« nédiction, la consécration que j'ai faite à Jésus-
« Christ de toute ma personne, de ma fortune, de
« ma vie pour la plus grande gloire de Dieu et le ré-
« tablissement de la vie religieuse ! Je la demande
« cette bénédiction, pour moi, afin qu'elle supplée à
« mon indigence spirituelle, et pour toutes mes Filles
« en Jésus-Christ.

« Cette maison que j'ai fondée sera, je l'espère,
« le berceau de plusieurs autres, et je regarde l'ap-
« probation que Votre Sainteté daigne donner à mes
« projets comme le gage le plus certain de sa pros-
« périté.

« En vain, Très-Saint-Père, essaierais-je de vous
« exprimer la profonde vénération que j'ai pour Votre
« Personne sacrée ; mais Dieu, qui voit le fond des
« cœurs, sait ma vive reconnaissance et les vœux
« sincères que lui offre, pour Votre Sainteté, celle
« qui, se sentant indigne de s'appeler votre fille, se
« trouve trop heureuse, si vous daignez la considérer
« comme la moindre de vos servantes. »

Le Souverain Pontife accueillit avec bienveillance la Mère Saint-Louis. Il fut surtout édifié de son humilité et de l'esprit de foi que respiraient ses paroles ; et en lui donnant sa bénédiction, il loua et encouragea beaucoup son zèle dans l'œuvre qu'elle avait entreprise.

CHAPITRE XIX.

LA MÈRE SAINT-LOUIS RETOURNE A VANNES. — INQUIÉTUDES QU'ELLE CONÇOIT POUR SA COMMUNAUTÉ.

Ayant atteint le but qu'elle se proposait, la Mère Saint-Louis ne pensa plus qu'à retourner à Vannes, près de ses Filles bien-aimées. On conçoit facilement la vive impatience qu'elles avaient d'apprendre le résultat des démarches de leur bonne Mère ; elle-même n'était pas moins pressée de le leur faire connaître. Aussi se réjouirent-elles ensemble de la bonne nouvelle qu'elle leur apporta. Elles voyaient leur Communauté solidement établie, estimée et aimée dans la ville, protégée par l'Evêque du Diocèse, et enfin bénie et encouragée par le Vicaire de Jésus-Christ. Tout allait donc au gré de leurs désirs, et elles n'avaient plus qu'à marcher dans la voie qui leur était ouverte. Mais il n'entre pas dans les desseins de Dieu que ceux qui le servent vivent longtemps sans épreuves.

Le 3 messidor an XII (22 juin 1804), un décret impérial avait défendu de fonder des établissements religieux sans l'approbation formelle du gouvernement. La Mère Saint-Louis avait formé le sien un an avant la promulgation de ce décret; mais elle craignait que la défense n'eût un effet rétroactif, ou qu'il ne donnât occasion à quelque autorité subalterne de l'inquiéter. Elle prit alors le parti d'écrire au Ministre des cultes, M. Portalis, pour lui dire ce qu'était l'Etablissement de charité qu'elle avait fondé et solliciter une approbation du gouvernement qui la mît à l'abri de toute inquiétude. La réponse du Ministre ne se fit pas attendre, et elle était aussi favorable et bienveillante qu'on pouvait l'espérer. M. Portalis disait à la Mère Saint-Louis *qu'elle devait être comptée parmi le petit nombre de ceux qui servent le plus utilement la religion et l'humanité.* Il ajoutait qu'il allait s'entendre avec l'*Evêque du Morbihan.* Mais l'affaire traînant en longueur et laissant toujours planer des craintes sur cette maison religieuse, la prudente Supérieure se décida à écrire à l'Empereur lui-même, et enfin elle reçut une approbation que nous trouvons ainsi formulée : « La Maison des petites filles de charité, fon-« dée à Vannes, demeure autorisée, pour servir à « l'éducation des enfants du sexe, à leur entretien

« gratuit, ainsi qu'à celui des ateliers de dentelle qui « y sont établis. » Cette formule, telle qu'elle était, suffisait à la Mère Saint-Louis. Il est vrai qu'il n'était pas question de Religieuses, et qu'on lui avait dit, dans une autre occasion : *Surtout, pas de costume religieux.* Mais l'existence de sa maison était assurée; le Ministre la félicitait de *servir utilement la religion et l'humanité ;* l'Empereur autorisait son œuvre de bienfaisance; c'était assez pour le moment.

Elle eut cependant encore à éprouver quelques tracasseries administratives de la part des autorités locales. Le bien ne se fait jamais sans entraves, et Dieu veut que, outre le mérite d'une bonne œuvre, nous ayons encore le mérite de l'énergie à surmonter les obstacles. Nous pensons que c'est à cette époque qu'il faut rapporter la réponse aussi ferme que plaisante qu'elle fit au Préfet du Morbihan, M. Julien. Ce Magistrat, par cet esprit de défiance qui porte les autorités civiles à vouloir réglementer administrativement, même les choses religieuses, voulut savoir ce que l'on faisait dans cette Communauté, dont la réputation augmentait chaque jour. Il écrivit donc à la Supérieure, pour qu'elle eût à lui rendre compte de ce qui se passait dans sa Maison. La Mère Saint-Louis, forte de l'opinion publique, et, plus encore, de l'autorisation de l'Empereur, lui fit cette verte réponse : *M. le Préfet, quand on paie les violons, on fait jouer la danse que l'on veut*, voulant lui faire entendre que, n'ayant reçu de lui aucun secours pour l'établissement et l'entretien de sa maison, elle prétendait la gouverner à son gré. M. Julien, qui tenait à être en bonne intelligence avec Mgr de Pancemont, et qui savait que ce Prélat protégeait cette Communauté, n'insista pas davantage. Cet incident n'eut pas de suites, et la Mère Saint-Louis sauva sa liberté.

CHAPITRE XX.

ESPRIT DE L'INSTITUT DES SOEURS DE LA CHARITÉ DE SAINT-LOUIS.

Chaque Société religieuse a un esprit qui lui est commun avec les autres Ordres, et un esprit qui lui est propre et la caractérise. Pour bien connaître celui qui animait la Mère Saint-Louis dans la fondation de son Institut, il suffit de consulter ses lettres à son directeur; elles ne laissent lieu à aucun doute.

« Je crois devoir, écrivait-elle, vous manifester « l'esprit que Dieu m'inspire. Si je ne me trompe; « c'est un esprit de pénitence, je dirai même de victime, pour tous les crimes qui ont été commis dans « notre France. » Son directeur, qui l'étudiait depuis plusieurs années et pour lequel elle n'avait point de secrets, après y avoir réfléchi longtemps devant Dieu, lui dit qu'il partageait son sentiment et l'encouragea dans cette voie de sacrifice où elle voulait entrer. C'est alors que cette héroïque servante de Dieu lui écrivit cette lettre admirable, où elle dévoile le fond de son cœur :

« Quels sont les desseins de Dieu sur son œuvre et « sur moi ? Il m'est permis de dire que je n'en doute « plus, puisque, au témoignage intérieur de ma « conscience et de ce divin Esprit qui, depuis tant « d'années, me fait entendre sa voix, je joins encore « le vôtre, et que vous êtes le seul organe par lequel « je puisse connaître d'une manière certaine et sen- « sible la volonté de Dieu. Vous avez prononcé qu'il « était vrai que cette œuvre devait être une œuvre « d'expiation, de pénitence et de réparation pour « mon malheureux pays; que tels en étaient le but « et l'esprit. Qu'il est consolant pour moi d'avoir cette « assurance! Mon pays m'a persécutée ; je l'ai haï. « C'est pour cela que je me trouve plus portée à « m'immoler pour lui. Oui, je donnerais tout-à- « l'heure ma vie pour y voir la foi de Jésus-Christ « triomphante. Si vous me le permettez, je donnerai « plus que ma vie; car j'accepterai de bon cœur de « vivre encore longtemps, s'il le faut, pourvu que « ma vie ne soit qu'un long martyre de satisfaction, « d'expiation et de pénitence. »

Quand on a lu ces lignes, on s'incline avec respect

devant l'Esprit de Dieu qui les a inspirées. Oui, il fallait une satisfaction à la divine justice pour tous les crimes de la France. Les âmes flétries par la corruption ou l'impiété n'étaient pas propres à apaiser le courroux du Ciel; il fallait des âmes pures et innocentes, il fallait des cœurs chastes sur lesquels Dieu pût reposer les yeux de sa miséricorde, et qui, placés sur l'autel avec la grande victime du Calvaire, pussent avec elle fléchir le courroux céleste. Tel est le but que s'était proposé la Mère Saint-Louis, et qu'elle ne perdait jamais de vue dans le gouvernement de sa Maison. Elle eût voulu établir l'adoration perpétuelle du Saint-Sacrement, afin qu'il y eût toujours une victime au pied de l'autel, et que, à chaque heure du jour, il s'élevât vers le Ciel une amende honorable. Son directeur ne crut pas devoir en cela céder à ses désirs. Il ne lui permit pas non plus de prescrire deux jeûnes par semaine, ni de se lever la nuit pour psalmodier les Matines, ni enfin de prendre la Règle de Saint-Benoît dans toute sa rigueur, comme elle le voulait. *Il faut*, disait-elle, *que le monde soit frappé de respect et d'admiration à la vue des grandes austérités de cette Maison, et comprenne par là la nécessité de la pénitence*. Mais il y avait des santés délicates, des forces affaiblies qu'il fallait ménager. La Règle trop austère aurait pu donner lieu à de fréquentes dispenses, et les dispenses sont souvent la ruine de la discipline religieuse. En-outre, on eût mis obstacle, par trop de sévérité, à bien des vocations. La sagesse du directeur fut donc obligée de tempérer les désirs de pénitence de la pieuse Fondatrice, et d'apporter des mitigations aux articles trop sévères de sa Règle. La Mère Saint-Louis était trop humble pour tenir à son sentiment, et trop obéissante pour ne pas se rendre aux désirs de celui qui lui tenait la place de Dieu. Mais, comme il n'avait condamné que ce qu'il y avait d'excessif dans les austérités, l'esprit de réparation et de sacrifice fût conservé, et la Mère Saint-Louis se regarda toute sa vie comme une victime appelée de Dieu à expier les crimes de sa patrie.

CHAPITRE XXI.

SUITE DU MÊME SUJET.

Personne n'ignore que l'éducation de la jeunesse impose à tous ceux qui s'y appliquent une vie de fatigue et une abnégation journalière, par conséquent une vie continuelle de sacrifices. Si ce principe est vrai, en général, on en trouve encore bien mieux l'application quand il s'agit de petites filles pauvres, étrangères le plus souvent aux sentiments d'honneur, d'ordre, de bienséance, et dont le cœur quelquefois porte le germe d'inclinations mauvaises qui n'ont pas été réprimées dans la famille. Il faut, pour leur apprendre le travail et surtout pour les former à la vertu, une patience à l'épreuve de tout, une vigilance exacte et un dévouement sans borne. La Mère Saint-Louis avait mesuré toute l'étendue de cette œuvre; elle en avait pesé toutes les difficultés; mais sa charité, dont elle avait donné tant de preuves, n'était pas accoutumée à s'effrayer des obstacles, et son esprit de sacrifice, qui voyait là une ample moisson de mérites à recueillir, l'eut bientôt déterminée à fonder cet asile de bienfaisance. Voici ce qu'elle en écrit elle-même au Ministre des cultes, le 24 janvier 1816: « Dans ma Maison je reçois de petites filles pauvres « auxquelles on fournit tout, en maladie et en santé. « Mon but a été de leur inspirer des principes de re- « ligion, de les préserver ou retirer de la corruption « du siècle, et de leur faire aimer et pratiquer, dès « leur enfance, la morale de l'Evangile et les vertus « chrétiennes; puis de leur apprendre à lire, à écrire « et à calculer. Afin de les accoutumer au travail, « j'ai établi deux manufactures, l'une de dentelle et « l'autre de filature de coton; plus une fabrique « d'étoffes de coton. Le succès a surpassé mon at- « tente. »

On voit, par ce simple exposé, que les heures de la Mère Saint-Louis et de ses Sœurs étaient bien remplies. Quelle assiduité, quelle vigilance, quel dévouement ne leur fallait-il pas pour suffire à tous les soins qu'exigeaient l'âme et le corps de ces pauvres enfants! Aussi, parmi elles, que de forces brisées, que de santés détruites, que de vies abrégées par un travail aussi pénible qu'assidu! Mais nous ne devons pas oublier que cette Maison avait été fondée dans un esprit de sacrifice et d'expiation. La pieuse Mère le rappelait souvent à ses Filles dans les instructions qu'elle leur donnait. Pour les encourager, elle leur mettait sous les yeux l'amour de Jésus-Christ pour les enfants et pour les pauvres. « Si l'Epoux divin, leur « disait-elle, leur a témoigné une si grande tendresse, « que ne doivent pas faire ses épouses? » Elle ranimait leur foi par l'espérance des récompenses futures : « Ces enfants seront nos introducteurs et nos « protecteurs auprès de Jésus-Christ, à qui nous pour« rons rappeler avec confiance cette parole qu'il a « dite : *Tout ce que vous ferez à l'un de ces petits, qui « sont mes frères, c'est à moi que vous le ferez.* » Aussi voyait-on avec édification toutes les Religieuses rivaliser de zèle pour l'instruction et la sanctification de ces enfants. Elles étaient devenues leurs mères, et elles en avaient les soins et la tendresse.

Les désirs de la Mère Saint-Louis étaient accomplis; elle voyait son œuvre prospérer; toutes les difficultés d'un premier établissement étaient vaincues; il ne lui restait plus qu'à recueillir le fruit de ses travaux.

Mais Dieu, qui avait formé cette âme à l'école du Calvaire, et qui voulait favoriser en elle cet esprit d'abnégation et de sacrifice qu'il lui avait inspiré, lui ménagea une de ces épreuves qui sont d'autant plus accablantes qu'elles sont plus imprévues et qu'elles nous attaquent par l'endroit le plus sensible.

CHAPITRE XXII.

MORT DE MONSEIGNEUR MAYNEAUD DE PANCEMONT.

Ce directeur si pieux et si éclairé, qui avait guidé les premiers pas de la Mère Saint-Louis dans la vie religieuse, qui l'avait aidée de ses lumières et soutenue du poids de son autorité, ce confident intime de ses pensées, de ses projets, de ses peines, Mgr Mayneaud de Pancemont, Evêque de Vannes, fut enlevé à son diocèse par une mort prématurée. Voici quelle en fut la cause. Le samedi, 23 août 1806, comme il se rendait dans une paroisse de son diocèse, à trois lieues environ de Vannes, accompagné d'un grand-vicaire, M. Allain, et de son secrétaire, M. Jarry, cinq hommes armés arrêtèrent sa voiture, l'en arrachèrent avec violence et lui signifièrent qu'il serait fusillé sous huit heures, si on ne rendait pas à la liberté deux des leurs qui étaient détenus dans la prison de Vannes. Ils forcèrent alors M. Allain de remonter dans la voiture et de retourner à la ville en toute hâte pour porter au Préfet du Morbihan les conditions auxquelles ils mettaient la délivrance du Prélat. Il était neuf heures du matin. Vers cinq heures du soir, les deux prisonniers qu'ils avaient réclamés arrivèrent, et Mgr de Pancemont se flattait de recouvrer la liberté; mais on lui posa de nouvelles conditions. On exigeait 24,000 fr. en or, un anneau donné par le Ier Consul et sa croix de la Légion-d'Honneur. Cependant on lui permit de partir, en retenant toutefois en ôtage son secrétaire, qui ne fut en effet relâché qu'après l'entier paiement de cette somme. Le Prélat arriva à Vannes vers neuf heures du soir, épuisé par la fatigue, l'inquiétude, les émotions violentes. A son entrée dans la ville il s'évanouit, et on ne put le conduire à l'Evêché que vers minuit. Depuis ce tragique événement, il parut dans un état habituel de tristesse; une peine profonde, et qu'il lui était difficile de dissimuler, minait lentement sa santé et ses forces, et le 13 mars 1807, il succomba enfin à une attaque d'apoplexie, à l'âge de cinquante-un ans (1).

(1) Antoine-Xavier Mayneaud de Pancemont naquit à Digoin-sur-Loire, diocèse d'Autun, le 6 août 1756. Appliqué de bonne heure aux études, il y fit de rapides progrès. Après sa *licence*, Mgr Marbœuf, son Evêque, qui connaissait sa science et sa piété, le choisit pour son grand-vicaire. A trente-quatre ans, il fut nommé curé de Saint-Sulpice, à Paris.

Un enfant n'éprouve pas plus de douleur à la mort d'un père que la Mère Saint-Louis n'en éprouva à la mort de Mgr l'Evêque de Vannes. C'est qu'en effet, il était un père pour elle et pour sa Communauté. Il aimait le nouvel Institut comme une œuvre de sa création ; il l'avait vu dans son germe et dirigé dans

C'était un prêtre orné de toutes les vertus de son état, d'une piété tendre, d'un désintéressement exemplaire et d'une charité qui ne reculait devant aucun sacrifice et dont il donna surtout des preuves dans le rigoureux hiver de 1789. Ayant refusé de prêter le serment, il faillit être immolé à la fureur des républicains dans sa propre église, et n'échappa à la mort que par une sorte de miracle. (Voyez l'*Histoire de l'Eglise de France pendant la Révolution*, par M. l'abbé Jager, tom. II, livre 9, page 124.) Sa vie n'étant plus en sûreté à Paris, il se réfugia à Bruxelles en 1791 ; mais le souvenir de son église, de son troupeau, de ses pauvres surtout, ne laissait à son âme aucun repos, et il ne put résister au désir de revenir au milieu des ouailles que Dieu lui avait confiées. Il rentra donc secrètement en France et exerça à Paris un ministère occulte pendant six ans. — En 1797, il se réfugia en Allemagne et ne revint de l'exil qu'en 1800 pendant qu'on négociait le Concordat. Il s'était remis tout entier à la conduite de sa paroisse, lorsqu'il fut nommé à l'évêché de Vannes et sacré par le Cardinal Légat. Les limites d'une simple note ne nous permettent pas de citer les traits de zèle héroïque et d'inépuisable charité que nous avons appris. Nous n'en choisirons qu'un entre cent autres. Un homme de sa paroisse de Saint-Sulpice, fougueux révolutionnaire, fut frappé d'une maladie à peu près semblable à celle d'Antiochus. Les vers le dévoraient tout vivant. Mgr de Pancemont, s'étant présenté pour lui offrir les secours de la religion, demanda aux amis du mourant qui l'environnaient, s'ils croyaient que cette maladie fût naturelle. Ils lui répondirent que non. Alors le zélé pasteur se met à parler avec force au malade de la justice divine à laquelle on ne peut se soustraire, le félicitant toutefois de ce que Dieu le ses développements. Il se proposait d'en former des établissements dans différents lieux de son diocèse. Son successeur aura-t-il le même zèle et le même amour? adoptera-t-il cette œuvre naissante? Telles étaient les anxiétés de la Mère Saint-Louis. En outre, dans un temps où une volonté despotique et ombrageuse gouvernait tout en France, on avait besoin de protection auprès du Pouvoir. La Mère Saint-Louis la trouvait dans Mgr de Pancemont dont Napoléon appréciait la science et la vertu. Avait-elle quelque embarras avec les autorités locales, elle les confiait à son Evêque, et celui-ci, par son adresse ou son influence, aplanissait les difficultés, et tout marchait. La mort de ce vertueux Prélat lui enlevait donc un soutien et

punissait en cette vie sans doute pour l'épargner en l'autre. Dieu donna de l'efficacité à sa parole, et le mourant, qui ne l'avait accueilli que par des blasphèmes, s'adoucit peu à peu, se confessa avec les marques d'un vrai repentir, et mourut peu de temps après. Mgr de Pancemont, qui était resté plusieurs heures avec lui, sortit tout couvert d'une lèpre hideuse que les remèdes firent bientôt disparaître, heureux d'avoir, à ce prix, arraché une âme à l'enfer. — Pendant son épiscopat il se distingua par la sagesse de son gouvernement dans des temps difficiles, par sa bonté toute paternelle dont on conserve encore le souvenir, et par ses prédications solides et lumineuses. M. l'abbé Jarry, qui avait hérité de tous ses écrits, les remit, avant de mourir, aux RR. PP. Jésuites de la maison de Vannes. Napoléon apprit avec douleur la mort de ce vertueux Prélat. Dans une lettre datée du camp de Finkensten, le 5 mai 1807, il fit son éloge et ordonna que sa statue en marbre fût placée dans la cathédrale de Vannes. Cet ordre n'a pas été exécuté ; nous en ignorons les motifs.

un protecteur dont le besoin pouvait se faire sentir encore longtemps. La crainte grossissant les dangers à ses yeux, elle se voyait seule en face d'obstacles suscités par un mauvais vouloir ou seulement par les circonstances. Peut-être même avait-elle lieu de craindre qu'on ne profitât de l'isolement où cette mort la laissait pour revenir sur d'anciennes tracasseries qu'on n'aurait pas osé réveiller du vivant de son protecteur. Il est donc facile de comprendre la profonde douleur où elle fut plongée par la mort de Mgr de Pancemont en qui elle perdait un directeur éclairé, un protecteur, un père.

Mais Dieu, qui la frappait, la soutint dans cette épreuve. Elle se rappela alors qu'elle s'était offerte à lui comme une victime d'expiation et que sa vie devait être un long martyre. Loin donc de se laisser abattre, elle consolait elle-même ses Sœurs, et, quoiqu'elle ressentît la perte qu'elles venaient de faire plus vivement qu'aucune d'elles, elle relevait leur courage et les engageait à se remettre entre les mains de la divine Providence qui n'abandonne jamais ceux qui se confient en elle. Elle voulut que les dépouilles mortelles du pieux Prélat fussent inhumées dans une chapelle de la Communauté dont il avait été le fondateur, et elle fit à cette occasion, devant ses Sœurs réunies, un discours touchant où se révélaient tout ensemble sa profonde douleur, sa vive foi et son énergie chrétienne.

CHAPITRE XXIII.

DISPOSITIONS DE LA MÈRE SAINT-LOUIS APRÈS LA MORT DE SON DIRECTEUR.

Cette mort funeste n'altéra en rien la ferveur de la Mère Saint-Louis. Il est vrai qu'elle avait perdu un guide éclairé; mais le souvenir des conseils qu'elle en avait reçus pendant si longtemps était trop profondément gravé dans sa mémoire pour s'en effacer jamais. Ils devinrent sa règle de conduite. En toute occasion elle citait ses paroles, rappelait ses instructions ou lisait ses écrits, en sorte que c'était toujours le pieux Fondateur qui gouvernait la maison. *Le défunt parlait encore*, comme dit saint Paul (1). Dans les perplexités de sa conscience timorée et les difficultés de son administration, elle allait se prosterner sur sa tombe; elle lui parlait et l'écoutait, comme s'il eût été vivant, et se retirait éclairée et consolée. C'est ce que nous lisons dans un écrit où elle épanchait son cœur : « J'ai fait une visite, ce matin, à la tombe de celui

(1) Hebr. 11. 4.

« dont les avis m'ont été si utiles. Ce que j'ai éprou-
« vé, Dieu seul peut le savoir; mais il m'en deman-
« dera compte, car de semblables faveurs ne peuvent
« être reçues en vain. Je les conserve comme un
« parfum précieux dont je crains de laisser rien
« échapper. Cependant je dois dire que j'ai pris la
« résolution de ne plus mettre de délai à la plénitude
« de mon sacrifice. Demain, oui, le jour de demain
« verra mon holocauste plein et entier. Plus de pro-
« jets contraires à l'œuvre qui m'est confiée; plus de
« pays, d'enfants, d'amis. Je suis ici, ou du moins
« j'ai dû y venir pour la plus grande gloire de Dieu;
« je dois tout oublier et renoncer à tout pour la pro-
« curer. Je suis ici, je ne penserai plus à en sortir,
« mais uniquement à y consumer le reste de ma vie
« pour l'œuvre de Dieu. »

Ces paroles ne nous laissent aucun doute sur la nature de la tentation qu'éprouva la pieuse Mère après la mort de son directeur. Se voyant sans conseil et sans appui, et se défiant trop d'elle-même pour se croire capable de diriger sa Communauté, se trouvant en outre dans des embarras pécuniaires très-inquiétants, elle avait eu la pensée d'abandonner une œuvre qui ne pouvait plus se soutenir, et de se retirer dans sa famille, en attendant que Dieu lui manifestât un autre dessein. Ce n'était, nous aimons à le croire, qu'une simple tentation, et il ne faut pas s'étonner que l'ennemi de tout bien ait profité de la désolation de la Mère Saint-Louis pour lui inspirer une pensée de découragement. Mais, accoutumée à ne jamais prendre une détermination sans avoir consulté Dieu dans la prière, elle le fit sur la tombe même de celui dont les paroles avaient si souvent soutenu sa faiblesse et porté la lumière dans son âme, et l'on voit quelle réponse elle en reçut et avec quelle docilité elle se soumit à l'inspiration intérieure qui lui fut donnée.

CHAPITRE XXIV.

ELLE CHOISIT UN NOUVEAU DIRECTEUR.

Nous apprenons de la Mère Saint-Louis elle-même que la mort de Mgr de Pancemont lui avait été révélée plusieurs mois avant qu'elle arrivât. « Dieu, dit-« elle, m'avait depuis longtemps préparée, par un « avertissement intérieur, à cette cruelle séparation, « et la même voix m'avait fait entendre que si j'étais « soumise et généreuse dans ce sacrifice que Dieu « savait m'être si pénible, il me serait permis d'en-« trer dans cette voie d'amour après laquelle je sou-« pirais, mais dans laquelle je n'étais pas encore,

« parce que, disait Monseigneur, je n'avais pas en-« core le cœur assez dégagé. » Ainsi il entrait dans les desseins de Dieu d'initier cette âme généreuse à la vie parfaite par la privation de toute consolation humaine. Le digne Prélat, qui la dirigeait, secondait les vues de Dieu sur elle en la traitant avec sévérité, et ne faisant jamais paraître l'estime et la vénération qu'il avait pour sa haute vertu (1). Il ne laissait impunie aucune de ses fautes, même les plus légères ; il l'humiliait en particulier et en public ; en un mot, il la tenait toujours dans la voie royale de la croix. Direction sage et éclairée qui convient aux âmes énergiques, et qui fit faire à la Mère Saint-Louis de rapides progrès dans la perfection.

Le directeur qu'elle choisit après la mort de Mgr de Pancemont prit une marche toute opposée. Mgr de Bausset, qui devint plus tard Archevêque d'Aix, ayant été nommé à l'évêché de Vannes, prit pour grand-vicaire M. l'abbé Grignon, qui l'avait déjà été sous

(1) Cette conduite, il l'avait tenue envers elle dès le commencement; car elle racontait elle-même qu'étant à Paris et se disposant à communier, un dimanche, selon la permission qu'il lui en avait donnée, elle eut quelques scrupules et voulut les lui soumettre avant d'approcher de la table sainte. Elle va donc le trouver à la sacristie de Saint-Sulpice au moment où tout le clergé se trouvait réuni pour l'Office. Non-seulement il ne voulut pas l'entendre, mais il la renvoya avec une brusquerie affectée en lui disant tout haut : *Madame, si je vous ai dit d'aller communier, allez-y donc.* Elle avouait que, depuis ce temps, elle n'avait jamais eu besoin que son confesseur lui répétât plusieurs fois la même chose.

son prédécesseur et qu'il établit Supérieur des Sœurs de la Charité de Saint-Louis. Ce fut à ce dernier que la Mère Saint-Louis remit la direction de son âme et à qui elle donna toute sa confiance. Ce prêtre vertueux, homme de mérite, d'une excellente éducation et d'un naturel bon et indulgent, ne voyait dans sa fille spirituelle que matière à éloges. Admirateur de ses vertus, il ne savait pas assez le dissimuler, et les petites infidélités qu'elle se reprochait lui paraissaient à peine des ombres dans le tableau d'une vie si parfaite. Notre qualité d'historien ne nous permet pas de prononcer sur cette conduite. Nous n'ignorons pas qu'il y a des exigences de position, de temps et de circonstances que nous ne pouvons apprécier ; mais nous savons aussi que cette âme, accoutumée jusqu'alors à la nourriture solide des épreuves et des humiliations, eut un peu à souffrir de n'avoir pour tout aliment que le lait des consolations et des éloges. Elle s'en plaignit à son directeur lui-même : « Je vous de-
« mande une grâce, lui écrivait-elle, c'est que, sortant
« de votre caractère de bonté, vous me traitiez
« comme je le mérite, c'est-à-dire, que vous ayez la
« charité de m'humilier souvent, sévèrement ; me
« reprenant, me punissant, ne me laissant jamais
« oublier ce que j'ai été et ce que je suis. Je sais qu'il
« en coûtera à votre bon cœur quelquefois, mais le
« Ciel vous en récompensera, car vous sauverez mon
« âme ; et je vous assure que plus vous m'éprouverez,

« plus je vous serai reconnaissante. » Malgré ces plaintes, elle avait, dans ses rapports avec lui, la plus grande ouverture de cœur. Elle lui découvrit même des secrets intimes qu'elle n'avait pas communiqués à son premier directeur. Il est vrai qu'une voix intérieure ne lui laissait pas la liberté de taire les opérations de l'Esprit de Dieu dans son âme, et lui faisait comprendre que, dans des états aussi extraordinaires que ceux où Dieu la faisait passer, elle avait besoin d'un guide sûr et clairvoyant. Ce guide, elle le trouvait dans M. Grignon, dont la bonté, lui dilatant le cœur, en mettait à découvert tous les secrets, que son expérience mettait à profit pour la diriger sûrement dans les routes obscures de la vie spirituelle. S'il eût été plus ferme, peut-être eût-elle plus avancé dans la perfection, mais peut-être aussi n'eût-elle pas eu la même ouverture de cœur, et il l'eût moins connue. Ne jugeons donc pas, mais adorons les desseins de Dieu sur les âmes, nous rappelant cette parole de l'Apôtre : *Tout devient profitable à ceux qui aiment Dieu sincèrement* (1).

(1) Rom. 8. 28.

CHAPITRE XXV.

LA MÈRE SAINT-LOUIS FONDE UNE MAISON A AURAY.

Sur ces entrefaites, la Mère Saint-Louis eut une entrevue avec M. Deshaies, alors recteur d'Auray. Cet homme, d'un jugement solide, d'une rare perspicacité et d'une activité étonnante, vit du premier coup-d'œil le bien qu'il pouvait espérer pour sa paroisse et même pour le diocèse, du dévouement et de la piété des Sœurs de la Charité de Saint-Louis. Il conçut donc le dessein de fonder à Auray une Maison de cet Ordre. Il en fit des ouvertures à la Mère Supérieure, et celle-ci consulta M. l'abbé Grignon, qui, prévenu déjà par M. Deshaies, n'hésita pas à l'engager à entreprendre une fondation d'où ressortiraient infailliblement la gloire de Dieu et le bien des âmes. La Communauté d'Auray ne devait être d'abord qu'une maison d'éducation pour les enfants pauvres comme celle de Vannes, mais la pensée des fondateurs était d'en faire plus tard une maison de Retraite où l'on pourrait recevoir, pendant sept ou huit jours, ceux qui voudraient vaquer aux exercices spirituels et mettre ordre à leur conscience. C'est en effet ce qui a lieu aujourd'hui.

Ce projet n'était pas sans difficultés. On eut d'abord à combattre la modestie de la Mère Saint-Louis, qui eût consenti assez volontiers à cet établissement, mais qui n'eût pas voulu y figurer comme principal instrument. Aussi écrivait-elle à M. Grignon : « Ah ! quelle « honte j'éprouve intérieurement d'être l'instrument « dont Dieu se sert pour cette fondation ! Une seule « chose me consolerait dans la peine que je ressens « et qui est bien vive, Dieu le sait, ce serait que ce « fût votre œuvre et non la mienne. » Elle craignait en outre de nuire à la maison-mère et d'y affaiblir l'esprit religieux. Car, pour former la colonie d'Auray, il fallait des sujets de choix, des Religieuses animées d'un vrai zèle, pénétrées de l'esprit de leur état et qui comprissent bien la mission qui leur était confiée. En choisissant ce qu'il y avait de mieux dans la maison de Vannes, n'avait-on pas lieu de craindre d'épuiser la source pour alimenter un ruisseau ? Enfin pouvait-on espérer que l'autorité civile, toujours en garde contre ce qu'elle appelle les empiètements religieux, ne mettrait pas des entraves à cette œuvre nouvelle ? Telles étaient les difficultés que rencontrait la fondation d'Auray ; mais elles disparurent bientôt devant l'habileté de M. Deshaies, le zèle de M. Grignon et l'humble soumission de la Mère Saint-Louis à la volonté de Dieu.

Il ne s'agissait donc plus que de trouver une maison qui fût propre à remplir les intentions des fondateurs. M. Deshaies avait déjà jeté les yeux sur une ancienne Communauté de Cordelières; mais il fallait en faire l'acquisition. Le propriétaire n'était pas disposé à la vendre; les locataires qui l'occupaient moins disposés encore à en sortir avant l'expiration de leur bail. On confia la négociation de cette affaire à M. Martin, maire d'Auray, homme d'une probité intègre et dont le concours était acquis à toutes les œuvres où il s'agissait des intérêts de la religion. Il s'entendit avec la Mère Supérieure et amena enfin le propriétaire des Cordelières à accepter les propositions qui lui étaient faites. Cette difficulté aplanie, l'autre ne tarda pas à l'être, et c'est la religieuse population d'Auray qui se chargea de la lever. Ecoutons encore la Mère Saint-Louis: « Je viens de parler à M. Martin. Il m'a dit « que les personnes qui occupent la maison résistent « encore, mais que toute la ville est en mouvement « et s'indigne contre elles; que c'est à qui ira les trou- « ver pour leur reprocher leur résistance; et qu'enfin « il lui paraît difficile qu'elles tiennent longtemps. » Elles ne tinrent pas longtemps, en effet, et se rendirent aux vœux de toute la population, qui voyait dans l'établissement de cette communauté religieuse *un bienfait du Ciel*. Ce fut le 12 août 1807 que M. Grignon vint avec la Mère Saint-Louis prendre possession de cette Maison dont Mlle Senaut, dite en religion Sœur Marie-Thérèse, fut nommée Supérieure.

CHAPITRE XXVI.

RETRAITES SÉCULIÈRES DANS LA COMMUNAUTÉ D'AURAY.

Cette pratique des retraites fut introduite dans la Bretagne par M. de Kerlivio (1), grand-vicaire de

(1) Louis-Eudo de Kerlivio naquit à Hennebont le 14 novembre 1621. Après avoir étudié à Paris, au collége des Bons-Enfants, qui était dirigé par saint Vincent de Paul, il fut ordonné prêtre et revint en Bretagne où il consacra sa fortune, qui était considérable, à bâtir un hôpital et une maison d'orphelins dans sa ville natale. Il était même décidé à y passer le reste de sa vie au service des pauvres en qualité de chapelain et de confesseur. Mais le P. Rigoleu, de la Compagnie de Jésus, étant venu à Hennebont avec le P. Huby pour y prêcher une Mission, donna une autre direction à son zèle. Ce Père lui manifesta un jour le désir qu'il avait de voir établir un grand séminaire où les jeunes lévites pussent faire leur éducation cléricale avant d'être promus au sacerdoce. Louis de Kerlivio goûta tout à fait cette idée et s'offrit même de concourir de ses biens et de sa personne à sa réalisation. Sur ces entrefaites, Mgr de Rosmadec, Evêque de Vannes, l'appela auprès de lui pour l'élever à la dignité de grand-vicaire. L'humble prêtre accepta d'autant plus volontiers que cette promotion semblait favoriser son dessein. En effet, le séminaire se bâtit avec l'approbation de l'Evêque et fut achevé en peu de temps. Mais, hélas! les œuvres de Dieu souffrent toujours contradiction. Le séminaire fini, l'Evêque changea d'avis et ne voulut pas qu'on ouvrît cette maison. M. de Kerlivio, désolé, se met en

Vannes, et Mlle de Francheville (1), secondés l'un et l'autre par les RR. PP. de la Compagnie de Jésus, et particulièrement les PP. Rigoleu, Huby et Daran. Il y a des maisons affectées à ces exercices spirituels, et ordinairement ce sont des Communautés religieu-

retraite sous la direction du P. Huby, pour consulter Dieu sur ce qu'il y avait à faire dans cette pénible conjoncture. C'est alors qu'il entendit par trois fois, en divers temps, une voix qui lui disait : *Fais une maison de retraite.* Ayant communiqué cette inspiration au P. Huby, ils résolurent d'employer le nouveau bâtiment à donner aux hommes des retraites de huit jours. L'Evêque ayant approuvé ce dessein, on commença les exercices qui eurent tout le succès qu'on pouvait désirer et qui, malgré des oppositions de tout genre, furent bientôt suivis par des gens du monde, des ecclésiastiques, des hommes de toute condition.

(1) Mlle de Francheville naquit le 21 septembre 1620. Quand elle fut devenue maîtresse de sa fortune, elle la mit au service de toutes les œuvres de zèle et de charité. Voyant établir une maison de retraite pour les hommes, elle conçut le dessein d'en fonder aussi une pour les femmes. Elle en parla au P. Daran, son confesseur, qui l'encouragea à suivre cette inspiration du ciel. D'abord elle réunit les retraitantes dans sa maison, puis dans un local loué exprès pour cela, et enfin dans l'enclos des Religieuses Ursulines, où elle fit, en 1671, construire à ses frais des bâtiments spacieux. On y travailla avec tant de diligence que les retraites purent s'ouvrir l'année suivante au mois d'avril. Mais, ce qui réjouissait le ciel, alarma l'enfer. Mgr de Rosmadec venait d'être transféré à l'Archevêché de Tours, le P. Daran était mort, M. de Kerlivio disgracié. Le nouvel Evêque, circonvenu par ceux qui l'approchaient, et qui étaient opposés aux retraites, les interdit au moment où elles donnaient le plus d'espérance. Ce coup fut bien sensible à Mlle de Francheville et lui coûta bien des larmes. Heureusement cette bourrasque ne dura pas longtemps, et l'Evêque, mieux informé, permit d'ouvrir les retraites, pendant cinq ans, dans le nouveau séminaire, qui ne pouvait pas encore être habité,

ses, où les retraitants, moyennant une modique rétribution, sont logés, nourris, instruits, et d'où ils ne sortent pas, sans quelque raison légitime, pendant toute la durée des exercices. Les époques des retraites sont fixées à l'avance, et pour les hommes, et pour les femmes, et annoncées au prône des paroisses du diocèse; aussi voit-on arriver quelquefois des personnes de quinze ou vingt lieues, qui ont suspendu leurs occupations, pour venir chercher la paix du cœur dans le sacrement réparateur de la Pénitence. Pendant la retraite, il faut multiplier les exercices de piété et les prédications, pour occuper des personnes qui, pour la plupart, ne seraient pas capables de s'occuper elles-mêmes, plusieurs n'ayant aucun usage de la méditation et de la réflexion, quelques-unes même ne sachant pas lire. De là la néces-

faute d'argent pour le meubler convenablement. Mlle de Francheville y fit transporter le mobilier qu'elle avait aux Ursulines, et les retraites recommencèrent. Après les cinq ans de concession, il fallut chercher un nouveau local. Le zèle infatigable de la bonne Demoiselle ne fut pas au-dessous de cette épreuve. Elle achète un nouveau terrain près l'église de Saint-Salomon, et y fait bâtir une vaste maison qui, achevée en 1679, fut habitée l'année suivante. Il se trouva, à la première retraite, quatre cent douze personnes, et ce nombre fut bien dépassé aux retraites suivantes. Enfin, il ne restait plus à Mlle de Francheville qu'à aller recevoir au Ciel le prix de tant de travaux, de sacrifices et de dévouement. Elle mourut le 23 mars 1689, âgée de soixante-neuf ans, après avoir eu la consolation de voir se former des maisons de retraites, sur le modèle de la sienne, à Rennes, à Saint-Malo, à Quimper et à Saint-Pol-de-Léon.

sité de varier les exercices de la journée pour éviter l'ennui qui dégénérerait bien vite en dégoût et compromettrait les fruits d'une retraite.

La Communauté d'Auray, dans la pensée de la Mère Saint-Louis et de M. Deshaies, était destinée à renouveler ces retraites, qui, après avoir été si florissantes dans des temps meilleurs, étaient depuis longtemps tombées en désuétude, comme tant d'autres utiles institutions. Mais, soit que le local ne parût pas propre à cela, soit que les esprits, occupés par les grands événements politiques, ne fussent pas disposés, soit enfin que l'on craignît d'éveiller des susceptibilités qu'il fallait ménager, on ne jugea pas à propos d'établir ces retraites à Auray dans les premières années de la fondation. Cependant M. Deshaies ne perdait pas de vue son pieux projet, et la Mère Saint-Louis était disposée à le seconder de tout son pouvoir. Cette salutaire institution était d'autant plus nécessaire, que la jeunesse avait semblé oublier les principes religieux qui caractérisèrent de tout temps le peuple breton, et surtout celui d'Auray et de sa banlieue. Un amour effréné de la danse et des plaisirs dissipants jetait un grand nombre de jeunes gens de l'un et de l'autre sexe dans le danger évident de perdre, avec la piété, les habitudes religieuses et la pureté de cœur. Déjà plusieurs se tenaient éloignés des Sacrements, et d'autres ne paraissaient que trop disposés à les imiter. Il fallait un remède prompt, universel, efficace à un mal qui s'était étendu, généralisé et fortifié par l'habitude. On le trouva dans l'établissement des retraites; et, après avoir étudié la disposition des esprits, on annonça enfin qu'elles allaient s'ouvrir. C'était à la fin de 1818.

Dieu donne à ceux qu'il emploie aux œuvres de zèle une confiance que l'on serait tenté quelquefois d'appeler témérité; mais il justifie par le succès la vérité de son inspiration. Ici le succès dépassa toutes les espérances, et ceux qui en furent témoins disaient avec le Prophète : *C'est le Seigneur qui a fait cette merveille, et nous en sommes dans l'admiration.* Il se présenta aux premières retraites huit cents personnes environ; en sorte que les Religieuses, qui étaient loin d'avoir prévu un pareil chiffre, se trouvèrent dans le plus grand embarras, et se virent obligées de permettre à plusieurs des retraitants de loger dans des maisons de la ville. Cependant, à force de combinaisons et d'industries, et en s'imposant à elles-mêmes de rigoureux sacrifices, elles parvinrent à loger et nourrir sept cents personnes dans la Communauté. Les retraites se soutinrent sur ce pied pendant quelque temps; celles des hommes ne le cédaient pas en nombre à celles des femmes. Elles ont diminué depuis, et néanmoins, pendant plusieurs années encore, elles montèrent au chiffre de trois, quatre, cinq cents personnes.

Le cœur de la Mère Saint-Louis tressaillait de bonheur en voyant sa Communauté appelée à remplir un ministère si fructueux. Celui de M. Deshaies n'était pas moins heureux en voyant sa paroisse changer de face par le moyen des retraites ; car il avouait avec humilité que jusque-là ses efforts avaient échoué contre la dissipation et l'indifférence, et que les retraites seules avaient réussi à abolir des désordres qui affligeaient son cœur.

Aujourd'hui les retraites continuent encore dans la Communauté d'Auray. Il est vrai qu'elles ne sont pas toujours aussi nombreuses qu'autrefois, et il est facile d'en voir les raisons. Les missions dans les paroisses se sont multipliées, et les âmes tourmentées par le péché, ou agitées par le scrupule, peuvent trouver sous leur main un secours et une consolation qu'elles allaient autrefois chercher au loin. Ensuite il s'est élevé dans la Bretagne un grand nombre de maisons de retraite, où plusieurs peuvent se rendre plus facilement qu'à Auray. Mais on peut dire que c'est de là qu'est parti ce mouvement religieux qui pousse les populations bretonnes vers ces asiles de recueillement et de prières ; et les Sœurs de la Charité de Saint-Louis, toujours fidèles à la mission que leur a donnée leur vénérable Fondatrice, continuent encore aujourd'hui à recevoir dans leurs maisons ceux et celles qui veulent y venir retremper leur âme dans le silence et le recueillement de la solitude.

CHAPITRE XXVII.

LA MÈRE SAINT-LOUIS FAIT DES VOEUX DE DÉVOTION.

La fondation de la Communauté d'Auray n'avait pas allégé le fardeau de la Mère Saint-Louis. C'était, au contraire, une nouvelle responsabilité, un nouvel objet de sollicitude, puisqu'elle devait, en qualité de Supérieure générale, diriger par ses conseils la Supérieure locale qu'elle venait d'installer et qui ne cessait pas pour cela d'être sous sa dépendance. En outre, la Maison-Mère avait nécessairement éprouvé une secousse par le départ des Religieuses qui formaient la nouvelle colonie. Il fallait opérer des changements dans les emplois, apaiser des mécontentements de déception, ramener le calme dans les esprits et établir dans la Communauté l'ordre qui favorise la discipline religieuse. Elle y réussit, grâce à cette affection sincère qu'avaient pour elle toutes ses Filles, et à cet esprit de sagesse qui la caractérisait et dont nous avons eu tant de preuves dans le cours de sa vie.

Mais, au milieu de tant de préoccupations, elle ne

perdait pas de vue la perfection de son âme. Nous pouvons même ajouter que ses travaux et ses embarras extérieurs favorisaient ses progrès dans la vertu, puisqu'ils la faisaient marcher dans cette voie de peines et de sacrifices qu'elle avait embrassée; encore n'était-ce pas assez pour elle. Outre les moyens ordinaires, qui sont communs à toutes les âmes pieuses, elle en employait que Dieu n'inspire qu'aux âmes privilégiées et qu'un directeur ne permet qu'avec prudence et discrétion. Pour soutenir sa faiblesse dans les résolutions généreuses qu'elle prenait souvent, elle y apportait la sanction du vœu. Ainsi nous trouvons dans ses écrits un grand nombre de vœux ou perpétuels ou temporaires, dirigés contre les défauts qu'elle avait cru remarquer en elle, ou secondant les désirs de perfection que Dieu lui donnait. Si nous ne craignions pas d'entraver la marche de ce récit, nous aimerions à rapporter en entier les formules qu'elle a écrites de sa main, et l'on aurait lieu d'admirer cette âme d'élite dans sa candeur, sa simplicité, son humilité, son énergique dévouement, en même temps qu'on bénirait Dieu d'avoir versé dans son âme l'abondance de ses dons les plus rares. Mais il suffira de citer, sans développement, quelques-uns de ces actes de dévotion :

Vœu d'obéissance à son directeur, en renonçant à lui en demander jamais la dispense, mais lui laissant le pouvoir absolu de le commuer ou de l'abolir. Elle voulait expier par là tous les déréglements de sa volonté propre.

Vœu de ne jamais céder à un sentiment de défiance et de découragement, ni pour le temporel, ni pour le spirituel, reconnaissant que le défaut de confiance en Dieu est une injustice, et que la pusillanimité lui avait fait commettre un grand nombre de péchés.

Vœu de travailler toute sa vie à la gloire de Dieu dans les exercices de la charité envers le prochain ; s'offrant à Dieu tout entière pour la conversion des pécheurs, le salut de ses enfants et la perfection de ses compagnes.

Vœu de passer toute sa vie dans les travaux et les larmes de la pénitence, pour fléchir la colère de Dieu irrité contre la France. (Elle entre dans le détail des austérités auxquelles elle veut se livrer pour cela, mais son directeur, en approuvant ce vœu, stipule formellement que ces engagements n'obligeront pas sous peine de péché.)

Vœu de ne jamais rien dire, ni rien faire contre la charité et de réprimer toute pensée ou tout sentiment qui blesserait cette vertu, afin de corriger par ce moyen les antipathies naturelles ou les mouvements irréfléchis qui pouvaient offenser le prochain.

Acte de dévouement sans nulle réserve au martyre de l'amour divin. Elle prie Jésus crucifié de la recevoir dans la plaie sacrée de son cœur, et de lui faire ressentir *les cruautés délicieuses de son amour jaloux.*

Il est bien d'autres vœux que la Mère Saint-Louis fit en divers temps et pour diverses raisons. Nous pensons que ceux que nous venons de citer suffisent pour faire comprendre qu'elle ne négligeait aucun moyen de soutenir sa ferveur et de fermer la porte au relâchement. Du reste, ces pieux engagements n'avaient de force à ses yeux qu'autant qu'ils étaient approuvés par son directeur, qui pouvait toujours, après leur émission, les restreindre, ou même les annuler, selon qu'il le jugeait utile à l'âme de la pieuse Mère.

CHAPITRE XXVIII.

MORT DE M. GRIGNON. — ELLE CHOISIT UN NOUVEAU DIRECTEUR.

Il n'y avait encore que trois ans qu'elle avait confié la conduite de son âme à M. l'abbé Grignon, lorsque Dieu, attentif à la faire avancer dans la voie de l'abnégation, exigea d'elle un nouveau sacrifice. La mort lui enleva ce vertueux prêtre, le 20 juillet 1810, au moment où, accoutumée à sa direction, elle était plus à même d'en recueillir les fruits. La voilà donc de nouveau privée d'un secours dont elle sentait de plus en plus le besoin dans ces voies surnaturelles où elle marchait depuis quelque temps. Qui la guidera dans ces sentiers difficiles ? qui éclaircira ses doutes ? qui la soutiendra dans ses découragements ? Et puis, où trouvera-t-elle cette charité intelligente, cette délicatesse de procédés, cette instruction et ce zèle que lui offrait M. l'abbé Grignon ? S'il ne se fût agi pour elle que d'un confesseur, tout prêtre lui eût convenu ; mais il lui fallait un directeur, c'est-à-dire, un conseiller et un père. Il fallait, de plus, un homme entendu dans la conduite d'une Communauté religieuse et qui portât intérêt à celle dont elle était fondatrice. Après donc avoir consulté Dieu dans la prière, comme elle le faisait toujours dans ses embarras, elle crut que nul autre ne réunissait ces conditions à un plus haut point que M. Le Gal, Vicaire-Général du diocèse et Supérieur du grand-séminaire. C'était un prêtre instruit et pieux, mais d'une vertu rigide, d'un caractère brusque et d'une morale sévère. La Mère Saint-Louis, qui ne cherchait que Dieu et qui ne perdait pas de vue qu'elle s'était offerte à lui comme une victime, bien loin d'être arrêtée par cette considération, y vit un moyen d'avancer plus rapidement dans l'humilité, la patience et le renoncement à elle-même. Les occasions, en effet, ne lui manquèrent pas. On peut en juger par le trait suivant qui nous dispensera d'en citer d'autres : Depuis longtemps la Mère Saint-Louis désirait posséder quelques reliques du saint Patron de son Institut. Après bien des démarches, des instances réitérées, et au moyen de hautes protections, elle réussit enfin à en obtenir. M. Le Gal, auquel elle fit part de son bonheur, voulut faire l'inauguration de ces reliques avec le plus de solennité possible, et traça lui-même le plan de la cérémonie. La bonne Mère, malgré tous ses soins et toute son attention, oublia quelque chose de ce qu'il lui avait prescrit. Alors M. Le Gal, élevant la voix, en présence des prêtres, des Religieuses et des enfants, la tança sans aucun ménagement, lui reprochant d'avoir fait manquer la cérémonie par son entêtement et sa négligence. L'humble Supérieure baissa les yeux et se contenta de répondre : *C'est vrai, j'ai eu tort.* Il n'en faut pas davantage pour peindre et le directeur et sa fille spirituelle, et l'on comprend que si elle eut lieu de se plaindre à M. Grignon de son excessive bonté, comme nous l'avons vu, elle trouva dans M. Le Gal de quoi satisfaire son esprit de sacrifice et son amour pour les humiliations.

On sera bien aise de lire l'acte de consécration qu'elle composa à cette occasion, et qu'elle dut prononcer le jour même de la réception des saintes Reliques. Nous devons croire, toutefois, d'après la teneur de cet écrit, qu'il n'y eut rien de public dans cet acte, et que tout se passa entre elle et son saint Patron.

Prière et Consécration à saint Louis.

Grand Saint que l'Eglise m'a donné pour Patron et dont elle me remet aujourd'hui entre les mains les précieuses reliques devant lesquelles je me prosterne dans les sentiments d'un profond respect; je vous conjure de me prendre sous votre protection spéciale, et de m'obtenir de mon Dieu une grâce qui est l'objet de mes vœux et de mes travaux : c'est une entière résignation à toutes les peines, les humiliations, les croix qu'il lui plaira de m'envoyer; c'est un abandon qui ait pour principe une foi vive dans ses promesses et une espérance ferme dans ses miséricordes, même lorsqu'il me semble en être le plus abandonnée. Obtenez-moi, aujourd'hui que je fais le sacrifice entier de tout ce qui reste en moi d'attaches et d'affections humaines, le pardon de mes résistances à la grâce, et particulièrement de celles que je montrai lorsque Dieu, me faisant voir la mer d'afflictions et d'humiliations par laquelle il me fallait passer pour aller à lui, me commandant de m'y jeter en aveugle, se montrant à moi à l'autre bord pour me soutenir et me couronner, j'eus le malheur de manquer de courage. Jour malheureux! faute que je déplorerai jusqu'à mon dernier soupir! Obtenez-moi de la réparer par l'oblation entière que je fais de moi aujourdhui, en présence de vos saintes reliques. Que Dieu oublie l'ingratitude dont je me suis rendue coupable ; qu'il ait pitié de sa misérable servante qui revient à lui d'un cœur contrit et humilié, et qu'il lui fasse la grâce de vivre et de mourir comme vous, attachée de cœur et de volonté à la Croix de Jésus-Christ, sans chercher jamais aucun adoucissement à son sacrifice.

Ayez aussi compassion de ces établissements de charité dont vous êtes le Père ; obtenez à celles qui se font gloire d'être vos Filles toutes les grâces dont elles ont besoin pour opérer leur sanctification et celle des enfants pauvres qui leur sont confiées, afin que vous nous reconnaissiez pour votre famille, et qu'à ce titre vous nous obteniez miséricorde de notre souverain Juge au jour de notre mort. Ainsi soit-il.

CHAPITRE XXIX.

SES PROGRÈS DANS LA PERFECTION. — FAVEURS QU'ELLE REÇOIT DE DIEU.

Il fallait, pour conduire la Mère Saint-Louis à la perfection, une main ferme et sûre. Les tempéraments, les hésitations, les moyens trop doux n'allaient ni à la trempe forte de son âme, ni à l'esprit de Dieu qui l'animait. M. Le Gal, qui l'avait étudiée à fond, le comprit facilement, et, outre qu'il y était porté par caractère, il basa sur ce principe la conduite qu'il devait tenir envers elle. Aussi la voyons-nous marcher à pas de géant dans l'humilité, la vie intérieure, la charité et surtout l'esprit d'abnégation et de pénitence qui était sa vertu distinctive. Rien ne l'arrête: elle chancelle quelquefois, mais elle avance; le démon veut l'effrayer, elle le méprise; la nature réclame, elle lui impose silence. Nous voudrions pouvoir exposer le travail de la grâce divine dans cette âme généreuse, mais cela dépasse nos forces. Il est de ces sentiments qu'on ne peut exprimer convenablement que quand on les a éprouvés. Il faut donc écouter parler elle-même la pieuse Mère. Quelque long que soit son récit, on nous saura bon gré de l'avoir donné tel qu'il est, avec ce ton de candeur, cet accent de vérité qui dénotent l'Esprit de Dieu. Elle écrit à M. Le Gal:

« Dans le vif désir que je ressentais de témoigner « mon amour à Jésus-Christ, j'ai saisi avec empres« sement l'occasion que m'en donnait la retraite que « viennent de faire toutes mes Filles. Je ne me suis « épargnée sur rien. Tout ce que j'ai cru pouvoir ser« vir à la gloire de Dieu et au salut de leurs âmes, je « l'ai fait. Je n'ai pas pensé un instant à moi; mais « j'ai tout offert à Dieu, tout souffert pour elles; et

« cela, je puis vous l'assurer, sans en désirer et en
« attendre d'autre récompense que le bonheur de
« souffrir quelque chose pour Jésus-Christ. — Ah!
« comment puis-je exprimer ce que ce Dieu de bonté
« a fait pour moi ? Je puis bien dire qu'il a daigné
« *regarder la bassesse de sa servante.* Par un miracle
« de sa grâce, il a rompu les chaînes sous lesquelles
« je gémissais. Je me sentais, depuis un an, puis-
« samment attirée à la pratique de la charité ; mais,
« malgré mes efforts et mes combats, les pensées de
« mon esprit, les affections de mon cœur, tout était
« contraire à cette vertu. Que de gémissements j'ai
« poussés! que de larmes j'ai répandues! dans quelle
« humiliation je me trouvais de voir en moi si peu de
« charité! Il est vrai, mon Père, que vous me rassu-
« riez; vous me disiez de me juger plutôt par mes
« œuvres que par mes sentiments. Soumise à votre
« décision, j'ai redoublé de zèle et d'ardeur pour la
« pratique de cette vertu, et je goûte actuellement
« toute la douceur qui y est attachée, à tel point que
« je crains de me faire illusion en voyant le change-
« ment qui s'est opéré en moi. Je sais qu'il a été l'ob-
« jet de mes vœux, de mes prières et de mes larmes
« depuis un an; mais qu'est-ce qu'une année pour
« obtenir une aussi grande grâce ?

« Mardi dernier, fête de sainte Thérèse, étant aux
« pieds des autels, je sentis mon âme délivrée. J'é-
« prouvai un mouvement de la grâce qu'il me serait

« impossible d'exprimer. Une voix intérieure me di-
« sait : *Tes chaînes sont rompues , tu peux marcher*
« *maintenant.* Malgré les œuvres extérieures auxquel-
« les je me livrai toute la journée, cette voix reten-
« tissait toujours dans mon cœur. Le soir, me trou-
« vant quelques instants seule devant le Saint-Sacre-
« ment, ah! mon cœur s'est perdu, s'est abîmé dans
« le sacré Cœur de Jésus. Ce bon Maître m'a révélé
« un secret dont je dois vous faire part, c'est que j'ai
« à peine commencé à entrer dans la carrière de sa-
« crifice à laquelle je suis appelée. Oui, je le recon-
« nais, et je ne puis même trouver de paix que dans
« cet aveu : Dieu a tout fait pour moi, et je n'ai en-
« core rien fait pour lui ; car, puis-je appeler *quelque*
« *chose,* les petits sacrifices que j'ai pu faire? Et en-
« core, que d'imperfections dans l'action et les mo-
« tifs! Je n'ose dire que j'aime Dieu, mais j'oserai
« dire que je suis consumée du désir de l'aimer. J'en
« ai une faim et une soif insatiables. Les petites of-
« frandes que j'ai faites à Dieu, et auxquelles je
« rougis d'avoir donné le nom de *sacrifices*, excitent
« en moi un ardent désir d'en faire de plus grandes
« et de plus véritables. *Que rendrai-je au Seigneur*
« *pour tous ses bienfaits? — Ah!* dit le Prophète, *je*
« *prendrai le calice du salut, et j'invoquerai le nom du*
« *Seigneur.* Tel est aussi le désir de mon cœur. Qu'il
« me soit permis de me saisir de ce calice d'amer-
« tume et de douleur que mon Dieu a accepté pour

« mon salut ! Laissez-moi la liberté d'y boire avec « lui ; ma douleur est trop vive de faire si peu pour « Celui qui a tout fait pour moi.

« Dieu m'appelle, oserai-je vous le dire, à une vie « parfaite, vie de foi pure, vie de mort à tout objet « créé et à moi-même. Il me fait voir les grâces atta- « chées aux sacrifices que je dois faire pour marcher « dans cette voie. Ces grâces sont l'objet de mes dé- « sirs les plus ardents, mais ne m'en demandez pas « davantage sur ce sujet ; ne me demandez pas ce « qui se passe entre Dieu et mon misérable cœur dans « ces états d'oraison où je me suis trouvée depuis « mardi. Ce n'est pas défaut de confiance en vous, « vous le savez bien, mais il n'est pas possible de « vous rendre, par aucune expression, ces transports « d'amour que j'éprouve, ce langage du cœur si déli- « cieux, qui, sans parole, est entendu de Dieu, ces « impressions de foi et de lumière qui me pénètrent « dans ces moments et me laissent toujours embrasée « d'une nouvelle ardeur. Comment vous dire la con- « naissance que j' acquiers de ma bassesse, de mon « indignité, de mon néant, de ma corruption, qui « me porte à me considérer, avec tant de vérité, « comme la dernière des servantes du Seigneur, et « m'inspire tant d'amour pour les humiliations ?

« Il me serait encore plus difficile de vous dire ce « que Dieu me fait entendre. Cependant je com- « prends bien clairement qu'il veut faire de moi un

« holocauste entier, et que, tant qu'il verra en moi « quelque chose qui ne soit pas immolé à son amour, « il ne sera pas satisfait. Alors il me semble se com« plaire à me retracer les bienfaits dont il m'a com« blée, les voies miséricordieuses de sa providence « sur moi, sa longanimité à m'attendre, sa bonté à « me recevoir, malgré mes délais, mes résistances et « mon ingratitude. Et ces reproches, il ne me les fait « pas en Dieu offensé, en juge irrité, mais en père « tendre qui (pardonnez-moi l'expression) me solli« cite de le désarmer et me presse de ne plus mettre « d'obstacle aux torrents de grâce que son amour me « réserve encore.

« Mon bon Père, il ne peut plus y avoir pour votre « Fille d'autre bonheur, d'autre consolation, après « le trait brûlant dont son cœur est percé, que de « souffrir pour Jésus-Christ et avec Jésus-Christ. Ce « n'est pas que je m'attende à goûter toujours sur la « croix, où je veux désormais fixer ma demeure, les « douceurs dont Dieu enivre mon âme dans ce mo« ment. Non, je le sais par ma propre expérience, je « dois m'attendre aux sécheresses, aux tentations; « mais j'ai aussi la preuve en moi-même de la vérité « de ce que dit le Prophète-Roi qu'*un seul jour passé « avec le Seigneur console et dédommage de tout.* »

Cette lettre, dont la longueur est abondamment rachetée par l'édification et par le parfum de piété qui s'en exhalent, nous initie aux secrets intimes de cette fervente Religieuse, et nous montre clairement d'un côté sa générosité envers Dieu, et de l'autre la générosité de Dieu envers elle. Mais nous en tirerons aussi cette conclusion : Quel besoin n'avait-elle pas d'un directeur expérimenté pour discerner les mouvements de la grâce et ceux de la nature, pour entretenir ce feu sacré et le contenir cependant dans de justes limites, en un mot, pour favoriser ces heureuses dispositions et se tenir en garde contre les excès. La sagesse de M. Le Gal, et l'humble docilité de la servante de Dieu doivent nous rassurer sur ce point ; l'expérience a prononcé.

CHAPITRE XXX.

ELLE FONDE LE NOVICIAT.

« Personne ne devient grand tout d'un coup, dit « saint Bernard ; il y a des degrés nécessaires à par« courir pour arriver à la perfection. » Cela est vrai surtout pour la perfection religieuse, et tous les Fondateurs d'Ordre ont compris la nécessité d'établir une école spéciale où l'on pût prendre l'esprit de l'Institut, et où l'on essayât ses forces pour s'assurer que l'on est capable de remplir les engagements qu'on veut contracter. La Mère Saint-Louis avait trop de sagacité pour ne pas le voir. Elle pensa donc sérieusement à fonder un Noviciat. Nous ne voulons pas dire que jusque-là elle eût admis sans discernement les postulantes qui se présentaient; sa sagesse ne pouvait être en défaut à ce point. Nous savons, au contraire, qu'elle environnait de toute sa sollicitude les jeunes novices avant leur profession. Elle les réunissait souvent, et les instruisait elle-même des obligations de la vie religieuse. Mais elles n'étaient pas séparées de la communauté et se trouvaient mêlées et confondues avec les plus anciennes professes. Cet état de choses offrait de graves inconvénients qui n'échappèrent pas à la prudente Supérieure. Le noviciat est un temps d'épreuve qui fait justice des vocations fausses ou douteuses. Etait-il convenable d'initier de jeunes personnes, qui pouvaient sortir après quelques mois, à tous les secrets de la communauté, en les mettant en rapports journaliers avec les anciennes de la Maison? N'était-il pas à craindre que, à peine dépouillées des livrées du monde et revêtues de l'habit religieux, elles ne fussent tentées d'orgueil en se voyant tout d'un coup au rang de leurs devancières? On dira peut-être qu'il leur était utile d'avoir sous les yeux les exemples de perfection que leur donnaient les professes. Nous ne le nions pas; mais personne n'ignore que, dans les communautés les plus régulières, à côté des grandes vertus, il y a bien des imperfections, et que l'œil des novices, naturellement observateur, est tout aussi porté à se scandaliser des défauts qu'à s'édifier des vertus. Ces motifs et bien d'autres que nous n'énumérons pas déterminèrent la Mère Saint-Louis à séparer le Noviciat de la Communauté pour les exercices, le travail et la récréation.

Cette première mesure en entraînait une autre qui devenait indispensable. La Supérieure ne pouvait être tout à la fois au noviciat et à la communauté. Vouloir tout centraliser en elle, c'eût été nuire au gouvernement général de la Maison et à la direction des novices; d'autant plus que ses occupations s'étaient multipliées en proportion du développement qu'avait pris la congrégation, et que sa santé, devenue plus chancelante, demandait du repos. Elle profita donc de l'occasion qui se présentait pour confier à une autre la charge de maîtresse du Noviciat. Son choix tomba sur la Mère Sainte-Julie, l'une de ses premières compagnes, en qui elle avait remarqué les talents et les qualités que demande une charge si importante. Voici en quels termes elle en parle à M. Le Gal avec lequel elle avait tout concerté : « J'ai fait venir Sainte-Julie et lui ai annoncé la « nouvelle dignité dont j'allais la revêtir. Vous ne « pourriez vous peindre sa surprise et sa désolation. « Sa première parole a été celle-ci : *Non, sûrement*,

« *ma Mère, cela ne peut pas être; j'en suis incapa-*
« *ble.* Je l'ai raisonnée, je l'ai calmée, j'ai parlé de
« l'obéissance. A ce mot, la pauvre fille, revenue de
« sa surprise, m'a dit : *Eh bien! ma Mère, faites ce*
« *que vous voudrez, mais je suis incapable.* Je lui ai
« promis de l'aider, ce qui l'a un peu consolée. En-
« suite j'ai appelé les novices qui ont paru un peu
« déconcertées de ce changement, et néanmoins ont
« fait bonne contenance. Tout de suite j'ai installé
« mon noviciat dans son nouveau logement, et de-
« main nous commencerons les exercices. » — « De-
« puis que j'ai écrit ceci, j'ai vu des mines bien alon-
« gées parmi nos anciennes professes. Nous aurons à
« combattre la jalousie; j'ai lieu de croire qu'on
« cherchera à obtenir de moi d'aller au noviciat aux
« heures des exercices. Tenons bon, je vous en prie,
« à ne pas le permettre, car nous gâterions tout. »

Comme elle l'avait promis, la vénérable Supérieure aida de ses conseils et de son expérience la Mère Sainte-Julie. Elle voulut elle-même faire les premières instructions; elle régla les exercices que les novices devaient faire en dehors de ceux de la Communauté; enfin elle traça pour la nouvelle maîtresse un plan de conduite que nous avons sous les yeux, et où nous ne savons qu'admirer le plus de sa tendre piété ou de sa prudence consommée.

CHAPITRE XXXI.

ELLE RÉDIGE DE NOUVEAU SES CONSTITUTIONS ET INSTITUE LES SOEURS OBLATES.

La Mère Saint-Louis demeura sous la direction de M. Le Gal jusqu'à sa mort, c'est-à-dire pendant près de quinze ans. Elle avait si bien réussi à l'affectionner à sa Congrégation, à laquelle il avait été étranger jusque-là, qu'il dérobait volontiers aux nombreuses occupations de sa charge, les heures nécessaires, soit pour répondre aux lettres de la pieuse Mère, qui ne faisait rien sans le consulter, soit pour venir au *Père-Eternel*, voir tout par lui-même, interroger les religieuses et les enfants et s'assurer que la Règle était fidèlement observée dans la maison. C'était du reste pour lui un devoir de conscience, puisqu'il avait été nommé, par l'évêque de Vannes, Supérieur de la Congrégation. Aussi y était-il très-exact, et il s'en acquittait non-seulement avec zèle, mais avec affection. La bonne Mère, heureuse de trouver en lui ces dispositions, les exploita au profit de ses projets.

Nous avons vu qu'en 1805 elle n'avait pas voulu

solliciter auprès du Souverain Pontife l'approbation de sa Règle qui n'était alors qu'à l'état d'ébauche, et dont plusieurs points pouvaient être modifiés, quand ils auraient subi l'épreuve de l'expérience et de la pratique. Cette épreuve était faite, et désormais il était facile de voir ce qui était trop rigoureux ou trop relâché, ce qui était possible ou ne l'était pas. Elle pensait donc à refondre ses Constitutions et à les rédiger de nouveau pour les rendre dignes d'une approbation tant désirée. Mais que de difficultés se dressaient devant elle! Elle se rappelait tout ce qu'il lui en avait coûté pour composer autrefois ce code de vie religieuse. Il est vrai que c'était un champ déjà défriché et qui avait même produit quelques fruits, mais quel travail n'exigeait-il pas encore pour être mis en état de donner la riche moisson qu'on en attendait. Elle eût bien voulu en charger son directeur et se débarrasser sur lui d'une responsabilité qui l'effrayait. Sa conscience eût été plus rassurée, son humilité plus satisfaite. Elle l'en pria avec instance; mais, outre que M. Le Gal n'avait pas de temps à y consacrer, parce qu'il se devait avant tout à son séminaire, il voulut suivre la même marche qu'avait suivie en pareil cas Mgr de Pancemont. Il encouragea la pieuse Fondatrice, l'aida de ses conseils, lui fournit même des livres propres à l'éclairer; mais il voulut qu'elle donnât ses idées sur toutes choses et que la Règle fût son ouvrage et le fruit de son expérience. Il fallut donc obéir; car, pour le dire en passant, elle craignait autant son directeur qu'elle avait confiance en lui.

Sachant, comme dit saint Jacques (1), que toute grâce excellente et tout don parfait vient d'en haut et descend du Père des lumières, elle était loin de compter sur les ressources de son propre esprit. Elle aurait plutôt exagéré son incapacité et serait tombée dans le découragement, si elle n'eût été rassurée par la pensée qu'elle obéissait, et si elle n'eût compté sur le secours de Dieu. Pour l'obtenir elle n'épargna ni prières, ni larmes, ni pénitence pendant deux ans entiers que dura ce pénible travail. On la voyait souvent épancher son cœur devant le Saint-Sacrement, et traiter en secret avec son céleste Epoux des moyens à prendre pour conduire sa religieuse famille dans les routes de la sainteté. Lorsqu'elle ne pouvait aller à l'église, elle se retirait dans son modeste oratoire, et demeurait quelquefois plusieurs heures à genoux devant son crucifix, tellement absorbée dans ses réflexions qu'elle n'entendait pas le bruit que l'on faisait auprès d'elle, et de temps en temps poussait de profonds soupirs qui témoignaient assez de la ferveur de son oraison.

Une grave question la préoccupait depuis quelque temps. Pour la résoudre, il fallait renoncer à des

(1) Jac., 1-17.

idées qu'elle avait crues inspirées de Dieu, et trancher dans le vif; c'est la création de Sœurs converses. L'humilité et l'esprit de mortification de la Mère Saint-Louis lui avaient fait désirer qu'il n'y eût point de distinction parmi les Religieuses de son Institut et que toutes s'appliquassent indistinctement et à l'instruction des enfants et aux emplois domestiques. Tel était son plan, et il paraissait bien arrêté dans son esprit. « Il serait honteux, disait-elle à Mgr de « Pancemont, que des Religieuses qui font profession « de marcher sur les traces de Jésus-Christ et de « l'imiter dans sa pauvreté et ses humiliations eus- « sent des Sœurs converses pour les travaux les plus « humbles et les plus pénibles. J'aurais bien lieu de « craindre, s'il en était ainsi, que la jalousie n'entrât « dans notre Communauté en même temps que la « charité et la mortification en sortiraient. » Nous ignorons quelles étaient les pensées de son vénérable directeur à ce sujet, mais ses instances réitérées auprès de lui et les nombreux motifs qu'elle faisait valoir, nous inclinent à penser qu'il combattait ses vues sur ce point. Quoi qu'il en soit, l'humilité et l'esprit de mortification de la pieuse fondatrice l'emportèrent, et il fut décidé qu'il n'y aurait pas de Sœurs converses.

Cet état de choses dura pendant plusieurs années. Cependant les Religieuses ne pouvaient vaquer à tout; les forces étaient insuffisantes pour certains travaux; les santés s'affaiblissaient et les exercices de piété avaient à souffrir. Pour y suppléer, on était obligé d'avoir des personnes du dehors que l'on payait à la journée, ce qui n'était pas sans inconvénients, soit pour la dépense, soit pour la régularité, soit pour la discrétion. La Mère Saint-Louis n'était pas opiniâtre dans ses idées; l'humilité l'avait portée à ne pas admettre de Sœurs converses, l'humilité encore la porta à sacrifier sur cet article son jugement à celui des autres. Deux motifs l'y engageaient : le premier était le soulagement de ses compagnes, et le second l'extension du bienfait de la vie religieuse à un plus grand nombre de personnes. Après donc avoir pris l'avis de son directeur, elle se détermina à recevoir des filles de bonne volonté, qui, sans avoir les talents nécessaires pour l'instruction des enfants, pouvaient les édifier par leurs vertus et les former au travail des mains. Déjà plusieurs d'entre elles avaient commencé leur noviciat; et au mois d'août 1816, la veille de Saint-Louis, elles prirent l'habit religieux et firent leur profession en qualité d'*Oblates de Saint-Louis*.

Cette création nouvelle n'ayant pas été prévue dans le plan primitif des Constitutions, il fallut y adjoindre des règlements particuliers par lesquels on déterminait l'âge auquel les Oblates pouvaient être reçues, leurs qualités, les conditions auxquelles on devait les admettre, et les cas d'exclusion. Comme leurs emplois n'étaient pas les mêmes que ceux des Religieuses de chœur, on jugea à propos de leur donner une maîtresse, distincte de la Maîtresse des Novices, qui était chargée de les instruire, de les former à la vie religieuse et de les diriger pour l'intérieur comme pour l'extérieur. Elles doivent faire, comme les autres, deux ans de noviciat, à l'expiration desquels elles sont admises à prononcer, non des vœux, mais une promesse de persévérer dans le genre de vie qu'elles ont embrassé. Après dix ans d'une vie régulière et édifiante, on leur permet de faire les vœux de pauvreté, chasteté et obéissance, et quand elles ont atteint l'âge de quarante ans, elles peuvent comme les Sœurs de chœur, faire le vœu de stabilité.

Lorsque la rédaction de cet important travail fut achevée et que M. Le Gal, après avoir tout lu, tout examiné, eut fait justice de quelques rigueurs que l'esprit de pénitence de la bonne Mère y avait introduites, elle ne pensa plus qu'à solliciter auprès du Souverain Pontife l'approbation officielle qui devait donner une nouvelle autorité à ces règlements et appeler sur celles qui les observeraient avec fidélité les bénédictions célestes. Mais, hélas! la supplique ne fut pas reçue avec toute la faveur qu'on avait lieu d'attendre, comme nous le verrons bientôt.

-◇◇◇-

CHAPITRE XXXII.

ELLE FONDE UNE MAISON A PLÉCHATEL.

La négociation entamée pour l'approbation de la Règle traînant en longueur, la Mère Saint-Louis dirigea l'activité de son zèle vers une œuvre de charité que la divine Providence vint lui offrir. Un respectable recteur (1), du diocèse de Rennes, ayant entendu parler du bien que faisaient à Vannes et à Auray les Sœurs de la Charité de Saint-Louis, conçut le désir d'avoir un établissement du même Ordre dans sa paroisse de Pléchatel. Une pieuse demoiselle mettait au service de ses projets une maison avec ses dépendances et s'offrait encore à subvenir aux frais d'installation. M. Lohier bénit la Providence de ce secours inespéré et s'empressa de mettre à profit les bonnes dispositions de la dona-

(1) Tout le monde sait que dans la Bretagne on donne aux curés le nom de *Recteurs*. M. Lohier, recteur de Pléchatel, déploya le zèle le plus actif, et sa correspondance avec la Mère Saint-Louis annonce un prêtre aussi instruit que pieux.

trice, Mlle Giffard. Il se mit donc en rapport avec la Mère Saint-Louis, dont il reçut une réponse aussi favorable qu'il pouvait le souhaiter. Mais pour procéder avec prudence et sécurité de part et d'autre, il fallait que, d'un côté, l'on connût les intentions positives de la donatrice, et, de l'autre, à quoi s'engageaient les religieuses qui étaient destinées à cette fondation. La vénérable Mère écrivit donc à M. Lohier, le 23 août 1814 : « Vous connaissez le but de « notre Institut, qui est l'instruction des petites filles « de la classe pauvre. Plusieurs sont à demeure « dans la Maison, les autres sont externes. Les « classes se font deux fois le jour, le tout gratuite- « ment. — Je désirerais savoir si la donatrice veut « se borner aux écoles externes, ou si elle se propose « d'avoir des enfants à demeure. Dans l'un et l'autre « cas, il faudrait au moins trois religieuses, deux « ne pourraient suffire. Trouveront-elles tout ce qui « leur est nécessaire? Leur existence est-elle bien « assurée? Je ne doute pas que tout n'ait été sage- « ment calculé par celle qui veut faire cette bonne « œuvre, mais je désire en avoir l'assurance. » Ce fut Mlle Giffard elle-même qui répondit à cette lettre, et qui rassura pleinement la Mère Saint-Louis par la générosité de ses offres et la modestie de ses conditions. On ne rencontrait donc plus d'obstacles de ce côté, et l'on pouvait mettre la main à l'œuvre.

Mais rien ne pouvait se conclure sans l'autorisation du Gouvernement. Louis XVIII venait de monter sur le trône; la paix était rendue à la France, et tout annonçait à la religion une ère de liberté et de protection. La bonne Mère voulut profiter de ces dispositions favorables du Pouvoir pour obtenir, non-seulement la faculté de fonder la maison de Pléchatel, mais l'approbation de son Institut avec la liberté de former d'autres établissements et d'accepter les donations qui leur seraient faites. Mais le Gouvernement avait alors trop d'affaires importantes sur les bras pour s'occuper de celle-ci; en sorte que cette négociation, commencée en 1814, comme nous venons de voir, ne put être consommée qu'en 1816. La Mére Saint-Louis nous fait connaître elle-même la cause de ce délai dans une lettre qu'elle écrit à M. Lohier: « Le « Gouvernement, tout en se montrant favorable aux « communautés religieuses et disposé à les protéger, « se refuse néanmoins à donner des autorisations « avant que les affaires de l'Eglise soient terminées. « Je crois donc à propos, et l'on m'a conseillé, de « ne point faire de démarches auprès de lui dans ce « moment, mais d'attendre un temps plus opportun. Je sens combien ces delais vous contrarient, « mais il ne serait pas prudent de marcher plus « vite; nous sommes commandés par les circon- « stances. Comptez sur ma bonne volonté, et soyez « sûr que je ne négligerai rien pour arriver à notre « but. » Rien en effet ne fut négligé. Elle écrivit au

Ministre de l'intérieur, et pria Mgr de Bausset, Evêque de Vannes, d'appuyer sa demande, ce qu'il fit volontiers. Elle s'adressa même directement au Roi, et nous remarquons dans sa lettre cette phrase échappée de son cœur et qui dut exciter l'intérêt de Sa Majesté : « Peut-être reconnaîtrez-vous, Sire, dans le « nom de celle qui vous présente cette requête, celui « de la veuve d'un de vos plus dévoués sujets, qui a « péri victime de son amour pour son roi. »

L'ordonnance royale fut enfin rendue, le 21 mars 1816, et elle était telle que la Mère Saint-Louis l'avait demandée. Sa Congrégation était reconnue sous le titre de *Sœurs de la Charité de Saint-Louis*. Elle était autorisée à former de nouveaux établissements et à accepter les dons et legs qui lui seraient faits à l'avenir. Rien ne s'opposait donc désormais à l'établissement projeté. Le Roi autorisait l'Institut ; l'Évêque de Vannes en approuvait les Constitutions en termes flatteurs, par son ordonnance du 24 avril de la même année ; l'Evêque de Rennes lui-même (*Mgr Etienne-Célestin Enoch*), dans le diocèse duquel se trouvait la nouvelle fondation, et qui avait été instruit de tout par le Recteur de Pléchatel, écrivait à la Mère Saint-Louis la lettre la plus encourageante et la plus honorable, dans laquelle il lui disait qu'*il voyait avec une vive satisfaction son diocèse enrichi d'un établissement qui, animé de la charité ardente dont sa Fondatrice avait donné tant de preuves, ne pouvait manquer d'être un objet de vénération pour les fidèles et d'édification pour lui-même.* (13 septembre 1816.) Ainsi tout était prêt pour la fondation de Pléchatel.

CHAPITRE XXXIII.

INSTALLATION DES RELIGIEUSES A PLÉCHATEL.

Il ne restait plus qu'à installer les Religieuses dans leur nouvelle maison préparée par les soins intelligents de M. Lohier et de Mlle Giffard. La Mère Saint-Louis, dirigée par cet esprit de prudence qui est la vertu essentielle des Supérieurs, voulut s'assurer par elle-même si tout était dans l'ordre et la décence convenables pour recevoir sa petite colonie. Elle se décida donc à faire le voyage de Pléchatel, et elle put se convaincre que rien n'avait été négligé ni de la part du Recteur, ni de celle de la donatrice. La maison était pauvre, il est vrai, mais rigoureusement suffisante pour l'objet auquel on la destinait; les revenus n'étaient pas considérables, mais on pouvait compter sur la généreuse sollicitude de M. Lohier, et plus encore sur la Providence divine, à qui la vénérable

Supérieure était bien aise de laisser quelque chose à faire. Elle fut donc satisfaite; le pieux Recteur l'était aussi. Cependant il fut bien contrarié de ne pouvoir amener la Mère Saint-Louis à entrer dans ses idées pour un autre projet qu'il avait conçu et dont il lui avait déjà parlé dans ses lettres. Il aurait désiré faire coïncider l'établissement de l'Adoration perpétuelle dans sa paroisse avec la fondation de cette maison religieuse, et il priait la bonne Mère d'en obtenir l'autorisation du Légat du Pape. Elle eût désiré autant que lui cette dévotion; elle y était portée par son cœur, et nous avons vu (Chap. XX.) qu'elle voulait établir l'Adoration perpétuelle comme un point de Règle dans son Institut. Mais, dans la circonstance présente, elle jugea sagement qu'il ne lui appartenait pas de faire la démarche qu'on lui demandait. « Car, disait-elle, ou l'Evêque de Rennes a le pouvoir d'établir cette dévotion, et, dans ce cas, il sera blessé si l'on a recours à un autre; ou bien il ne l'a pas, et alors c'est à lui de faire les avances nécessaires pour l'obtenir. » Les choses en restèrent là, et la bonne Mère retourna à Vannes pour faire les derniers préparatifs et donner l'obédience à celles de ses Sœurs qui devaient composer la nouvelle Communauté.

Elle ne se dissimulait pas qu'envoyer ses Religieuses à Pléchatel, c'était leur imposer un sacrifice. Outre les embarras inséparables d'un nouvel établissement où surgissent mille difficultés imprévues, il leur fallait se séparer de leur bonne Mère pour aller vivre au fond d'une campagne, où, malgré les soins attentifs de l'excellent Recteur et l'esprit religieux de la population, elles seraient privées de tous les secours qu'on trouve dans une grande ville et surtout dans la Maison-Mère. C'étaient de nouvelles connaissances à faire, de nouvelles habitudes à prendre, en un mot, une nouvelle vie à commencer. Aussi, pour tempérer la rigueur de ce sacrifice que M. Lohier comprenait si bien, il pressa la Mère Saint-Louis d'amener elle-même ses Filles à Pléchatel. « Vous ne leur refuse« rez pas, écrivait-il, la consolation que vous avez « accordée à vos Filles d'Auray. Vous viendrez les « installer vous-même. Cette faveur leur rendra leur « exil plus supportable. Elles se rappelleront avec « plaisir les lieux que vous aurez parcourus avec « elles. Par une douce illusion, elles croiront encore « y voir et y entendre leur bonne Mère Fondatrice. « Leur courage sera plus fort et leur résignation plus « entière. Planté par une si bonne main, l'arbre ne « pourra manquer de fructifier. » Ces instances étaient trop justes et trop en harmonie avec les sentiments de la Mère Saint-Louis pour qu'elle refusât de s'y rendre. Aussi, après avoir préparé sa Communauté à cette séparation, elle partit avec quatre de ses Filles, deux Religieuses de chœur et deux Oblates. Mlle Glais, dite en religion Sainte-Julie, fut nommée Supérieure. Nous ne dirons rien du mérite de cette Religieuse qui vient de mourir. Il suffira de savoir que déjà elle avait été jugée digne d'être Maîtresse du Noviciat, et que plus tard elle a été appelée par la divine Providence à succéder à la Mère Saint-Louis dans la charge de Supérieure générale. La maison de Pléchatel fut fondée le 14 septembre 1816. Mlle Giffard n'aurait voulu y recevoir que des externes, mais la charité de la bonne Mère l'emporta, et l'on reçut quelques internes dont le nombre devait croître en proportion des ressources.

CHAPITRE XXXIV.

BATAILLE D'AURAY. — ANXIÉTÉS DE LA MÈRE SAINT-LOUIS.

Cette fondation fut une consolation bien douce pour la Mère Saint-Louis. Elle voyait se réaliser les espérances qu'elle avait conçues dès le commencement, sa Congrégation se fortifier, s'étendre et travailler plus efficacement à la gloire de Dieu et au salut des enfants pauvres. Le Seigneur voulut donner ce dédommagement aux tribulations dont sa vie avait été semée, et notamment aux peines qu'avait éprouvées son cœur maternel, l'année précédente, pendant la bataille qui se livra à Auray et dont nous n'avons pas voulu parler jusqu'à présent pour ne pas interrompre le récit de la fondation de Pléchatel.

Un des principaux théâtres de cette bataille, où le général Bigarré fut blessé, était la promenade du Loc qui commande la petite ville d'Auray et qui longe l'enclos du couvent. Vers la fin de juin 1815, les Religieuses entendent, dès sept heures du matin, une vive fusillade. Le combat, en effet, était engagé, et l'on comptait déjà un grand nombre de morts et de blessés. Le bruit s'approche et devient de plus en plus alarmant; on se battait sous les fenêtres mêmes de la Communauté. Que l'on juge de l'effroi des Religieuses, quand elles virent des balles frapper leurs murs et tomber à leurs pieds pendant qu'elles récitaient l'Office à la chapelle. Elles eurent pourtant le courage de le continuer jusqu'à la fin. Mais à peine étaient-elles sorties du chœur que la porte du couvent est enfoncée à coups de crosse, la portière renversée et si brutalement souffletée qu'il lui survint un cancer dont elle mourut six mois après. Les Religieuses s'étaient réfugiées dans le réfectoire avec leurs petites filles, craignant pour la vie de ces chères enfants plus encore que pour elles-mêmes. Pendant toute la journée que les soldats occupèrent la maison, ils se faisaient un jeu cruel de menacer cette troupe timide qui n'avait à leur opposer que des larmes et des prières. Ils arrachaient le crucifix à l'une, le chapelet à l'autre, et leur adressaient les paroles les plus impies et les plus insultantes. Dans la sacristie où ils pénétrèrent, des ornements furent lacérés, d'autres couverts d'ordures. Heureusement l'on n'eut pas de plus grandes profanations à déplorer, grâces à la sage prévoyance de la Supérieure, Mlle de Leissègues, dite Sainte-Félicité, qui, quelques instants avant l'invasion de sa Communauté, avait enlevé de la sacristie les vases sacrés et les ornements les plus précieux et les avait portés sur l'autel de la chapelle, disant à Dieu avec cette foi qui obtient des prodiges : « Je vous « remets, Seigneur, ce précieux dépôt. Veuillez le « préserver de toute profanation ainsi que votre saint « temple. » Ce fut en effet le seul endroit de la maison qui fut respecté. Les soldats pillards pénétrèrent dans tous les autres lieux de la maison et enlevèrent tout ce qui leur paraissait avoir quelque valeur. Le magasin qui renfermait les provisions de fil, de coton, de dentelles, etc., ne fut pas épargné. Ce qu'ils ne pouvaient enlever était gâté et mis hors de service.

Auray n'est qu'à dix-huit kilomètres de Vannes ; la Mère Saint-Louis n'ignorait pas les dangers auxquels ses chères Filles étaient exposées, mais elle ne savait pas précisément ce qu'elles avaient à souffrir. Cette désolante incertitude déchirait son cœur de Mère. Son imagination, grossissant les périls, lui faisait craindre que ses Religieuses n'eussent été massacrées ou n'eussent eu à subir des outrages encore plus cruels que la mort. Aller les fortifier, les consoler par sa présence, était impossible; d'ailleurs sa Communauté de Vannes pouvait courir les mêmes dangers; elle n'avait pas été envahie, mais elle était cernée, et l'on entendait les cris des combattants qui se dirigeaient sur Auray. Oh! qui pourrait dire l'angoisse à laquelle était en proie le cœur de la pauvre Mère! Aussi quand elle apprit, le lendemain, les détails de cette funeste journée, elle ne trouva dans son cœur que des sentiments de reconnaissance envers Dieu, qui avait épargné à ses Filles de plus grands malheurs. Les pertes matérielles, quelles qu'elles fussent, n'étaient rien en comparaison de ce qu'elle avait craint pour elles, et pouvaient encore être facilement réparées. La vie et la vertu étaient sauves, c'était l'essentiel.

CHAPITRE XXXV.

ELLE VEUT OBTENIR DU SOUVERAIN PONTIFE L'APPROBATION DE SES CONSTITUTIONS, ET NE RÉUSSIT PAS DANS SON DESSEIN.

C'était sans doute pour la Mère Saint-Louis un grand repos d'esprit et une grande sécurité de voir son Institut autorisé par ordonnance royale, puisque par là elle se trouvait à l'abri des tracasseries des autorités subalternes. Ce fut aussi une bien douce consolation pour son cœur de voir sa Règle authentiquement approuvée par l'Evêque de Vannes, Mgr de Bausset-Roquefort. Mais elle n'était pas entièrement satisfaite. Il lui restait une dernière faveur à obtenir, l'approbation du Vicaire de Jésus-Christ. Tant qu'elle ne l'avait pas, son œuvre lui paraissait incomplète, et elle ne se croyait Religieuse qu'à demi.

Elle avait lieu d'espérer, d'après l'accueil bienveillant que le Souverain Pontife lui avait fait, en 1805, les paroles flatteuses qu'il lui avait adressées et les encouragements qu'il avait donnés à son œuvre, que sa supplique ne rencontrerait aucun obstacle. Le Cardinal Caselli (1) le lui avait dit en termes exprès, et il ne tenait qu'à elle d'obtenir alors sans difficulté ce qu'elle sollicitait, hélas! inutilement aujourd'hui. Les dispositions des esprits n'étaient plus les mêmes.

Mgr de Brue venait de succéder à Mgr de Bausset-Roquefort sur le siége épiscopal de Vannes. La Mère Saint-Louis crut devoir, avant toute autre démarche,

(1) Caselli (Charles-François), Cardinal et Evêque de Parme, né à Alexandrie le 20 octobre 1740. Il fut nommé Evêque de Sida *in partibus* le 4 avril 1802, et Cardinal-Prêtre le 9 août suivant, puis Evêque de Parme en 1804. Il suivit le Pape Pie VII à Paris, et assista au mariage de Napoléon Ier en 1810, siégea au Concile en 1811, mourut à Parme en 1828.

s'ouvrir à lui de son dessein et le prier de s'y intéresser en écrivant lui-même à Sa Sainteté. Il la reçut avec bienveillance, loua même son projet et lui promit de l'appuyer auprès du Pape. Heureuse de ce premier succès, elle met elle-même la main à la plume et s'adresse au Cardinal Spina (1), Archevêque de Corinthe, qu'elle avait vu à Paris en 1805, au Cardinal Caselli, qui avait lu et admiré ses Constitutions quand elles n'étaient encore qu'à l'état d'ébauche, et enfin au Cardinal de la Luzerne, avec lequel sa famille était alliée. Nous trouvons même dans ses écrits la minute de sa supplique à Pie VII, mais nous avons des raisons de douter qu'elle ait été envoyée. Elle attendait l'effet de ses démarches et se croyait assurée du succès, lorsque Mgr de Bruc vint la trouver et lui dit que *sa Règle était très-sage et très-bien faite*, *mais qu'il fallait bien examiner si l'on devait recourir à Rome pour l'approbation. Qu'une Règle qui ne prescrivait que des Vœux simples regardait l'Evêque diocésain et non le Souverain Pontife.* Bref, il refusa d'appuyer sa demande. Déconcertée de ce contre-temps inattendu, elle a recours au Cardinal de la Luzerne, à qui elle avait déjà écrit, pour le prier de la guider dans une affaire si délicate. « Mon respectable cousin, lui dit-

(1) Spina (Joseph), né à Sarzane en 1758, s'attacha à Pie VI qui le nomma Archevêque de Corinthe. Pie VII l'envoya en France avec MM. Caselli et Gonsalvi pour le Concordat de 1801. Il devint Evêque de Palestrine et mourut en 1828.

« elle, il survient un embarras auquel j'étais loin « de m'attendre. Mgr de Bruc, notre nouvel Evêque, « après m'avoir très-bien reçue il y a quelques jours, « vient de me dire qu'il ne peut pas m'appuyer au- « près du Souverain Pontife. Il craint qu'on ne porte « atteinte par là aux droits de l'Evêque diocésain, et « cependant rien de plus formellement exprimé dans « notre Règle que l'entière dépendance où nous som- « mes de son autorité. » (Elle cite les articles de la « Règle.) Après cela, n'ai-je pas quelque lieu d'être « surprise de son refus ? Notre Règle a été faite par Mgr « de Pancemont; Mgr de Bausset, qui lui a succédé, y « a mis une approbation des plus flatteuses. A présent, « que dois-je faire ? donnez-moi votre avis, je vous « en conjure; je le suivrai avec une grande con- « fiance. N'ayant pas de lettre pour Rome de Mgr de « Bruc, dois-je renoncer à mon dessein ? Il m'en coû- « tera, je l'avoue, mais je suis prête à tout plutôt « que de blesser mon Evêque. » On voit que la pieuse Mère était toujours pour le parti de l'obéissance, quelque sacrifice qu'elle lui imposât. Elle reçut bientôt une réponse du Cardinal; nous n'en citerons que ce qui regarde cette affaire : « Ma chère cousine, je dé- « sirerais pouvoir vous donner une réponse satis- « faisante, mais je ne le puis. Je suis allé trouver « Mgr le Nonce, qui m'a répondu nettement que le « Pape ne voulait pas se mêler de l'approbation des « Congrégations religieuses qui s'établissent dans les

« différents pays, et de l'examen de leurs Constitu-
« tions; que c'est absolument l'affaire des Evêques
« diocésains.... Je suis fâché de ne pouvoir vous don-
« ner une réponse plus conforme à vos désirs, mais
« je dois vous dire ce que pensent et Rome et la
« France. » (Février 1820.) — Cette réponse atterra la Mère Saint-Louis, mais ce fut aussi pour elle un trait de lumière qui lui fit comprendre qu'il était inutile d'insister davantage. Elle se résigna donc à la volonté de Dieu qui se manifestait par l'organe des Supérieurs ecclésiastiques, contente d'avoir fait tout ce que sa conscience demandait, et de s'être laissé conduire dans toute cette négociation par M. Le Gal, son directeur, qui lui donnait même à ce sujet des instructions par écrit. Cette approbation tant désirée ne fut obtenue que quinze ans après sa mort, en 1840, grâces à la bienveillante intervention de Mgr de la Mothe de Broons et de Vauvert, qui avait été appelé à occuper le siége de Vannes, le 28 octobre 1827.

CHAPITRE XXXVI.

LA MÈRE SAINT-LOUIS, PRÉVOYANT SA MORT PROCHAINE, SE PERFECTIONNE DE PLUS EN PLUS.

Depuis ce moment jusqu'à la mort de la Mère Saint-Louis, nous ne trouvons aucun fait bien remarquable que nous puissions signaler à l'édification du lecteur. Mais nous voyons sa vertu se fortifier de jour en jour, et sa marche devenir plus rapide dans la voie de la perfection. La vie religieuse, on le sait, est bien uniforme; tous les jours se ressemblent et ramènent les mêmes devoirs à remplir, les mêmes exercices à observer, le même règlement à suivre. Mais, précisément parce que la vénérable Supérieure n'avait plus de ces occupations qui la mettaient en rapport avec l'extérieur et qui la tiraient pour ainsi dire hors d'elle-même, elle s'appliqua avec plus d'ardeur que jamais à la conduite de sa Communauté et à la perfection de son âme. Ses infirmités habituelles, qui s'aggravaient tous les jours, l'avertissaient qu'elle devait se préparer à paraître bientôt devant son Epoux et son Juge. La grande pensée de l'éternité dont elle voyait la porte prête à s'ouvrir, était sans cesse présente à son esprit, elle ne pouvait s'en distraire ; aussi s'appliquait-elle à donner à toutes ses œuvres ce degré de perfection dont elle était capable. Sa mortification était continuelle, et il fallut plusieurs fois que son directeur en modérât les excès. Elle perdait rarement la pensée de la présence de Dieu ; de là cette répugnance pour les affaires temporelles dont elle ne voulait s'occuper qu'autant que l'exigeait le devoir de sa charge. Sa charité pour ses Filles et pour les enfants s'étendait aux plus menus détails, surtout quand elles étaient malades. Alors elle les visitait souvent, ou, si ses infirmités la retenaient dans sa chambre, elle voulait qu'on lui rendît compte de leur état, et s'assurer que rien ne leur manquait. Sa pauvreté était telle qu'aucune de ses Sœurs n'aurait voulu porter les vêtements qui la couvraient. Toutes ses vertus, en un mot, dont nous nous proposons de parler plus en détail dans la seconde partie de cette Histoire, semblaient se ranimer et jeter un plus vif éclat.

Dieu, de son côté, la comblait de grâces extraordinaires. Elle avait reçu le don des larmes, comme l'attestent ses lettres en plusieurs endroits, et, malgré les précautions que lui suggérait son humilité, on a surpris bien souvent sur son prie-dieu ces témoignages de la tendresse de sa dévotion, surtout quand elle avait eu le bonheur de communier. Dans ses oraisons, des traits de lumière subite l'éclairaient non-seulement sur sa conduite, mais sur celle de ses Sœurs qui étaient quelquefois bien surprises de voir qu'elle les connaissait mieux qu'elles ne se connaissaient elles-mêmes. La sainte Communion était sa vie ; il s'opérait alors en elle une sorte de transformation, ainsi qu'elle le dit elle-même sans pouvoir toutefois expliquer à son directeur comment cela se faisait. On comprendra que nous n'ayons pas la prétention de l'expliquer non plus; il nous suffit de constater le fait, en rappelant ces paroles de l'apôtre saint Paul, qui l'avait expérimenté lui-même : *Jésus-Christ est ma vie. Ce n'est plus moi qui vis, c'est Jésus-Christ qui vit en moi.*

Pour reconnaître tant de faveurs, elle inspirait, autant qu'il était en elle, à toutes ses Filles, l'amour de Jésus dans son Sacrement. Elle les pressait de profiter des instants que leurs occupations leur laissaient libres pour aller épancher leur âme dans sa sainte présence. *Sa bouche parlait alors de l'abondance de son cœur*, et n'était jamais plus éloquente que quand elle les engageait à aimer Jésus, leur Ami, leur Epoux, leur Père, leur Bienfaiteur, car toutes ces expressions venaient se placer sur ses lèvres quand elle traitait ce sujet. C'est pour laisser à sa Congrégation un témoignage perpétuel de son amour pour Jésus-Christ, qu'elle établit en 1823 une heure d'oraison en l'honneur du saint Nom de Jésus et en réparation des outrages auxquels il est en butte. Elle conposa elle-même le texte de cette méditation et voulut que toute la Communauté la fît en deux fois, la moitié le matin et la moitié le soir, le 1er janvier de chaque année, comme cela se pratique encore aujourd'hui dans toutes les Maisons de son Institut.

CHAPITRE XXXVII.

SA MALADIE.

La Mère Saint-Louis fut toujours languissante pendant les cinq dernières années de sa vie. Elle suivait cependant, autant qu'elle le pouvait, les exercices communs de la Maison; son courage suppléait à ses forces. Mais il fallut enfin renoncer à donner à ses Filles ces exemples de ferveur et de régularité; ses forces l'abandonnèrent tout à fait, et, dans les deux dernières années, elle ne pouvait plus sortir de sa chambre, souvent même de son lit. Si elle n'eût eu que des douleurs physiques à endurer, elle les eût supportées non-seulement avec résignation, mais avec joie. Plus son corps était souffrant, plus elle s'estimait heureuse d'avoir cette conformité avec Jésus crucifié. Mais la sainte Communion, qui faisait ses délices, l'aliment journalier de son âme, la vie de sa vie; elle ne pouvait plus la recevoir que rarement. Obligée de prendre souvent des tisanes ou d'autres remèdes pendant la nuit, il eût fallu la communier dès trois heures du matin, et elle n'osait pas interrompre souvent le sommeil de l'Aumônier. Cette privation était la plus sensible à son cœur. Elle y suppléait par la communion spirituelle et par une union constante de son âme avec Dieu. Malgré cet attrait, elle ne perdait pas de vue qu'elle était Mère, et si quelques-unes de ses Filles avaient besoin de lui parler, elle ne faisait pas difficulté d'interrompre ses douces communications avec Dieu pour leur donner les conseils qu'elles lui demandaient; elle s'oubliait alors volontiers elle-même pour leur être utile. S'il arrivait quelquefois qu'elle ne pût pas leur parler, elle faisait un effort pour leur écrire péniblement quelques mots d'une main défaillante. Quand ses crises étaient plus fortes et ses douleurs plus aiguës, elle prenait ce crucifix qui l'avait consolée dans sa prison, y collait ses lèvres desséchées ou le pressait contre son cœur, et unissait ainsi ses souffrances à celles de l'Homme-Dieu. Si on la plaignait, on voyait dans ses yeux et sur son visage un air de résignation qui semblait dire : *Dieu est le Maître*. Si on lui disait : « Nous allons le prier de vous rendre la santé et les forces », elle répondait d'une voix faible : « Demandez plutôt que sa sainte volonté soit faite. » Quelques mois avant sa mort, ses Filles lui témoignèrent la peine qu'elles éprouvaient de ne plus la voir au milieu d'elles et de ne pouvoir plus profiter de ses leçons et de ses exemples. Elle fut très-sensible à cette marque de confiance et d'affection, et, recueillant un reste de forces épuisées, elle leur écrivit cette lettre touchante, qu'il fallut reprendre à plusieurs fois, et que l'on peut regarder comme le testament qu'elle leur laissait en mourant.

Mes chères et bien-aimées Filles,

« Je reçois, avec une vive sensibilité, les nouveaux « témoignages que vous me donnez de votre attache- « ment. Vos cœurs sont bien affligés de voir votre « Mère dans un état continuel de souffrances. Ah ! « croyez que le sien ne l'est pas moins profondément « d'être privée du bonheur qu'elle aurait d'être au « milieu de vous.

« Bénissons la main toujours paternelle de Dieu. « Lors même qu'il nous frappe, adorons les desseins « de sa divine Providence et soyons-y soumises.

« Tant qu'il m'en a donné la force et les moyens, « j'ai cherché à vous être utile. A présent qu'il m'a « clouée sur un lit de douleurs, et que je ne puis « plus rien que souffrir, croyez-bien que je lui offre « encore souvent mes souffrances pour vous. Puisse-t-

« il répandre sur vous de plus en plus ses bénédic-
« tions, et vous faire marcher avec une nouvelle ar-
« deur dans la voie de régularité, d'obéissance, de
« charité, des vertus en un mot qui conviennent à
« votre saint état. Tels sont les vœux que je lui offre
« pour mes chères et bien-aimées enfants. »

Votre Mère SAINT-LOUIS.

Nous laissons à penser quelles impressions profondes durent faire dans l'esprit et le cœur de toutes les Religieuses ces dernières volontés d'une Mère mourante.

CHAPITRE XXXVIII.

MORT DE LA MÈRE SAINT-LOUIS.

Il arriva à la Mère Saint-Louis ce qui arrive communément à ceux que Dieu a conduits comme elle par la voie de la crainte pendant leur vie; sa mort fut douce et paisible. L'inquiétude avait fait place à la plus entière confiance. Il est vrai que, trois semaines environ avant de mourir, elle fut en proie à de grands troubles intérieurs. C'était comme un effort désespéré que faisait l'ennemi de son salut; ou plutôt c'était le dernier creuset par lequel Dieu voulait faire passer sa fidèle servante pour la purifier des plus légères souillures. Mais bientôt cette tempête intérieure fut dissipée, et, non-seulement le calme se rétablit, mais il semblait que Dieu faisait déjà savourer à la pieuse malade un avant-goût du bonheur éternel. Son âme était inondée de délices ineffables qui se révélaient dans son regard serein, dans le sourire de ses lèvres et dans l'air animé de tout son visage. Cet état de bonheur dura jusqu'au jour de sa mort.

Le 15 février 1825, son excessive faiblesse ayant fait craindre qu'elle ne passât pas la journée, on lui administra les derniers Sacrements, qu'elle reçut avec cet esprit de foi qui l'animait dans tous les actes religieux. Survinrent ensuite quelques jours de délire après lesquels, revenue à elle-même et comprenant son état, elle dit à l'Aumônier, M. l'abbé Jarry : *Le bon Dieu me frappe dans le physique et dans le moral; que son saint Nom soit béni!* Elle était calme ; la sérénité de son visage annonçait la paix de son âme, et ses yeux, ou fermés ou fixés sur le crucifix, dénotaient qu'elle était beaucoup plus en commerce avec Dieu qu'avec les créatures. Enfin, le 3 mars, elle entra dans une douce agonie. A peine entendait-on sa respiration, mais elle conservait toute sa connaissance, et elle en donnait des marques en serrant la main de ceux qui lui parlaient de Dieu. Sa respectable mère, Mme de Lamoignon, s'élevant au-dessus des sentiments de la nature, voulut être présente à l'agonie de cette fille chérie pour laquelle elle avait tout sacrifié. M. Le Gal assistait la mourante dans ce moment suprême; les Religieuses présentes priaient et pleuraient. Enfin, à deux heures du matin, le 4 mars 1825, la vertueuse Fondatrice rendit son âme à Dieu, à l'âge de soixante-un ans et cinq mois.

Nous ne dirons rien des gémissements et des sanglots dont retentit la maison, lorsqu'au réveil de la Communauté, on annonça cette mort à celles qui n'y avaient pas assisté; il est des douleurs qu'on ne peut pas exprimer. La Mère, vénérée et tendrement aimée d'une nombreuse famille, venait d'être ravie à ses enfants. Mais l'affliction, quelque profonde qu'elle fût, était tempérée par une pensée de foi et d'espérance, persuadé qu'on était que *la mort* de la Mère Saint-Louis *était précieuse devant Dieu.*

Son corps fut enterré auprès de celui de Mgr de Pancemont dans la chapelle funèbre de la Communauté. Il était convenable que ceux que Dieu avait unis pendant leur vie dans une pensée de charité et de bienfaisance, ne fussent pas séparés même après leur mort; et nous avons lieu d'espérer de la bonté de Dieu que leurs âmes sont encore unies dans le séjour du bonheur, et qu'elles y reçoivent la récompense que Dieu a promise par son Prophète : *Ceux qui auront dirigé les autres dans les sentiers de la justice, brilleront comme des étoiles pendant l'éternité.*

FIN DE LA PREMIÈRE PARTIE.

VIE

DE

MADAME MOLÉ DE CHAMPLATREUX,

EN RELIGION MÈRE SAINT-LOUIS,

FONDATRICE

DES SOEURS DE LA CHARITÉ DE SAINT-LOUIS.

DEUXIÈME PARTIE.

SES VERTUS.

Dans la seconde partie de cette Histoire, nous nous contenterons, le plus souvent, de citer les paroles de celle dont nous écrivons la vie, et nous nous félicitons, pour cela même, de ce que la part faite à l'historien soit si restreinte; car il vaut mieux l'entendre elle-même rendre témoignage des sentiments de foi qui l'animaient. Les actes extérieurs de vertu que nous pourrons raconter seront vivifiés par les pensées intimes qu'elle nous manifestera et par cette intention si droite, si pure qui présidait à toute sa conduite et qu'elle seule peut nous faire connaître.

CHAPITRE PREMIER.

SON ESPRIT DE FOI.

Cette vertu, que le saint Concile de Trente appelle *le commencement du salut*, peut être considérée comme la racine de l'arbre mystique dont la sève est la Charité et les fruits sont les œuvres. Plus cette racine sera forte et vigoureuse, plus l'arbre aura de vie et de fécondité ; si, au contraire, elle est faible et viciée, l'arbre sera languissant et stérile. Nous pouvons donc déjà juger combien était vive et solide la foi de la Mère Saint-Louis, puisque nous l'avons vue produire des fruits de vertu si excellents. C'est de là, en effet, que découlaient comme de leur source, cette piété naïve de ses premières années, cette charité inépuisable envers les pauvres, cette patience à l'épreuve des plus grandes tribulations, et enfin cette ferveur qui fut l'âme de sa vie religieuse.

Nous n'avons pas oublié sans doute qu'en 1805,

elle vint à Paris se jeter aux pieds du Souverain Pontife et lui protester de sa foi et de sa soumission à la sainte Eglise. Depuis lors, ces sentiments n'avaient fait que se fortifier et s'accroître, et elle était bien aise de trouver l'occasion de les manifester. Dieu eut soin de lui en ménager une, comme nous allons le dire. Lorsqu'elle travaillait à former le plan de son Institut, de concert avec Mgr de Pancemont, celui-ci la voyant, par une ferveur qui lui parut indiscrète, recueillir dans les Règles des anciens Ordres religieux ce qu'il y avait de plus austère et de plus crucifiant pour la nature, soit qu'il craignît qu'on ne trouvât dans cette austérité même quelque affinité avec le rigorisme qu'affichait une hérésie récente, soit qu'elle ne lui parût pas faire assez de cas des nouveaux Ordres religieux et de leurs Règles, lui répondit en ces termes pour l'éprouver : « Je souscris à tout ce que vous « avez réglé, à deux conditions toutefois; la première « est que vous aurez toujours une entière soumission « aux décisions de la sainte Eglise; la seconde, « que vous ne refuserez pas d'admettre les prati- « ques nouvelles introduites dans les Communautés « religieuses pendant les derniers siècles. » Ce langage étonna la bonne Mère, mais elle fut bien aise d'avoir cette nouvelle occasion de professer sa foi et son obéissance. Elle écrivit aussitôt à son directeur : « Oui, je l'espère avec la grâce de Notre-Seigneur « Jésus-Christ, l'Eglise, son Epouse et notre bonne

« Mère, ne verra jamais en moi qu'une fille soumise « à ses moindres décisions, qu'une admiratrice de sa « discipline. Les vues et les motifs qui l'ont dirigée « et qui la dirigent sont saints, je les respecte de tout « mon cœur et me garde bien de porter mes regards « plus loin. Misérable créature que je suis, si, me « laissant emporter par un esprit d'orgueil, je vou- « lais pénétrer trop avant dans ce sanctuaire de lu- « mière et de sainteté, je mériterais d'en être aveu- « glée, écrasée. Quant à la seconde question, elle « ne m'offre pas de plus grandes difficultés. Je n'ai « jamais eu la pensée d'écarter les pratiques de piété « nouvelles et généralement en usage dans les Com- « munautés religieuses. Elles me paraissent trop « respectables, et c'est de leur liaison avec les an- « ciennes qu'il me semble qu'on pourrait former la « base d'un établissement religieux qui serait un « sujet d'édification dans l'Eglise. Voilà ma véritable « profession de foi. Je suis, il est vrai, ennemie au- « tant qu'on peut l'être de tout esprit de nouveauté, « mais j'entends par là cet esprit de réforme qui a « produit tant de déchirements dans l'Eglise de Jésus- « Christ. »

Son directeur savait déjà à quoi s'en tenir à ce sujet. Il savait, comme elle le dit elle-même dans une autre occasion, qu'elle *était prête à donner sa vie pour le soutien de sa foi.* Souvent elle en parlait à ses Sœurs avec cet accent de conviction qui faisait passer dans leurs âmes les sentiments qui l'animaient. Un jour, leur expliquant cette parole de saint Paul : *Le juste vit de la foi*, elle leur dit : « Nous connaissons « trois sortes de vie sur la terre : la vie des sens, la « vie de la raison et la vie de la foi. La vie des sens « appartient aux mondains, aux sensuels, aux ido- « lâtres de leurs passions et de leurs corps, qui sont « tous les ennemis irréconciliables de la croix de « Jésus-Christ. — La vie de la raison est celle des « philosophes qui se parent de ce beau titre qu'ils ne « méritèrent jamais, parce que dans leurs principes « et dans leurs mœurs ils outragent même la raison. « Adorateurs de leurs lumières, victimes de leur or- « gueil, ils se vantent de dissiper les ténèbres de l'en- « tendement par les seules forces de la raison. Mais « Dieu les livre à la vanité de leurs pensées, à la « tyrannie de leurs passions honteuses, aux contra- « dictions et aux extravagances du paganisme ; car « c'est ainsi qu'il confond toute hauteur qui s'élève « contre la science des mystères de Jésus-Christ son « Fils. — La vie de la foi est celle d'une âme qui « marche à la lumière de cette colonne de feu, « comme les Israélites. Vivre de la foi, c'est confor- « mer ses sentiments, ses paroles, ses actions et « toute sa conduite à la foi, cette règle infaillible « descendue du ciel, ce flambeau divin qui *éclaire « tout homme venant en ce monde*, ce fondement de « toutes les vertus, ce lien sacré qui doir unir tous

« les hommes dans le culte d'un même Dieu et d'un « même Seigneur : *Unus Dominus, una fides, unum* « *baptisma.* » (1).

Mais si toute la conduite de la Mère Saint-Louis portait le cachet de cette vertu fondamentale, on peut dire qu'elle se ravivait dans la participation du mystère eucharistique, appelé par excellence *le mystère de foi.* Nous aurions pu analyser ses écrits, mais nous préférons citer quelques-unes de ses paroles. Elles sont si expressives, si énergiques, que peut-être on nous eût soupçonné de les avoir inventées pour rendre notre récit plus intéressant, si nous les avions employées nous-mêmes. « Depuis près de vingt-cinq « ans que, toute indigne que j'en suis, je me nourris « tous les jours du pain des Anges, loin de m'en « rassasier, j'y puise tous les jours une faim et une « soif plus ardente, ma foi dans la présence réelle de « Jésus-Christ ayant toujours été très-grande. Mais « depuis quelque temps elle est si vive, que lorsque je « m'approche de la sainte table, je me trouve dans « un état intérieur d'adoration et d'amour qui sus-

(1) Nous ferons observer, une fois pour toutes, que, dans les écrits de la Mère Saint-Louis, il se trouve beaucoup de citations latines de la Sainte Ecriture et des saints Pères. Toutes ses instructions à la Communauté commençaient par un texte latin qu'elle développait. Ce qui justifie ce que nous avons dit (Ire Partie, Chap. I.) de la connaissance qu'elle avait acquise de cette langue dans sa jeunesse. Nous omettons ces textes presque partout et nous les donnons en français.

« pend, pour ainsi dire, toutes les facultés de mon « âme. Oui, Jésus-Christ se manifesterait à moi « d'une manière visible et sensible, que je n'éprou- « verais pas dans mon âme des mouvements plus « vifs, plus ardents, plus respectueux. » Et ailleurs : « Etant prête d'approcher de la sainte table, j'ai reçu « une impression plus vive qu'à l'ordinaire de la pré- « sence réelle de Jésus crucifié. Il me semblait voir « (tant le sentiment de la foi était profond!) cette « humanité sainte couronnée d'épines, son corps « n'étant plus qu'une seule plaie, la pâleur de la « mort annonçant qu'il rendait son âme à son Père. « Et une voix me disait qu'il souffrait tous ces tour- « ments pour moi, que me nourrissant dans la com- « munion de cette chair immolée, me désaltérant « de ce sang précieux qui coulait de tout son corps, « j'allais recevoir imprimé en moi bien profondé- « ment le sceau de la Croix. Je crus que la vie al- « lait m'échapper ou que j'allais au moins m'éva- « nouir; mais la force me revint et je pus prendre « place au sacré banquet. Grâces immortelles vous « soient rendues, ô mon divin Epoux! je vous ai « entendu ; oui, en versant les larmes les plus « douces et les plus délicieuses, j'ai entendu une « voix intérieure. C'était vous, ô Jésus! qui parliez « à mon cœur. »

Mais cette foi n'était pas toujours aussi sensible ni aussi consolante. La nuée lumineuse tournait quelquefois vers elle son côté ténébreux. Elle s'humiliait alors et se rappelait ce que Dieu lui avait dit un jour: *Qu'elle devait vivre de la foi, mais d'une foi dénuée de tout appui sensible; qu'il ne lui en faisait sentir les douceurs que pour la préparer à en souffrir la privation; que, du reste, il ne l'abandonnerait pas, et qu'il serait avec elle dans l'obscurité de la foi, aussi bien que dans la plus vive lumière.* Cette assurance la consolait et la fortifiait dans les combats qu'elle avait à soutenir. Le chapitre suivant va jeter une lumière nouvelle sur ce que nous venons de dire.

CHAPITRE II.

SON ESPÉRANCE ET SA CONFIANCE EN DIEU.

« La foi est le fondement de l'espérance, » dit saint Paul; aussi la Mère Saint-Louis aimait à se rappeler l'exemple d'Abraham, le père des croyants, qui, appuyé sur la foi, *espéra contre toute espérance.* Comme lui, elle avait quitté, sur l'ordre de Dieu, son pays, sa famille, ce qu'elle avait de plus cher au monde. Elle n'avait pas hésité à suivre la voix qui l'appelait à une vie de privations et de travaux dans une terre étrangère. Son espérance la soutenait au milieu des peines qu'elle eut à supporter toute sa vie. Vertu d'autant plus méritoire qu'elle fut plus éprouvée soit par les événements fâcheux qui se succédèrent les uns aux autres, soit par les tentations intérieures auxquelles elle fut en proie pendant plusieurs années. Lorsqu'on est dans la prospérité, que tout réussit à souhait et qu'on croit n'avoir rien à redouter pour l'avenir, il est facile de se livrer à l'espérance, si toutefois elle est encore digne de ce nom, car on possède et on jouit plutôt que l'on n'espère. Mais lorsque les appuis sur lesquels on comptait viennent à se briser, que les ressources humaines font défaut, que tout se retire et nous abandonne, et qu'il ne reste absolument que Dieu, il faut que la foi soit bien solide pour que l'espérance ne chancelle pas. Et si Dieu lui-même, pour éprouver une âme qui n'a d'espoir qu'en lui, semble retirer sa main, ne plus entendre le cri de sa détresse, ne plus lui parler et l'abandoner à une désolante solitude, oh ! qu'il est difficile de se rendre compte à soi-même de ce petit rayon d'espérance chrétienne qui existe pourtant encore dans le secret du cœur ! Que l'on est prêt à tomber dans le découragement ! et si l'on n'y tombe pas, n'est-ce pas alors *espérer contre toute espérance ?* Telle s'est trouvée plusieurs fois la Mère Saint-Louis. L'enlèvement et la mort de son mari, sa fortune détruite, sa longue captivité et celle de ses enfants, et plus tard les contradictions de tout genre, l'instabilité des affaires publiques, le mauvais vouloir de quelques administrations, la mort de ses deux premiers directeurs, tout était venu successivement briser son courage et altérer sa confiance. Cependant elle était sortie victorieuse de tous ces combats, parce qu'elle sentait qu'au milieu de cet abandon général, Dieu au moins lui restait. Mais il plut au Seigneur de la faire passer par la dernière épreuve. Ecoutons-la raconter elle-même les propositions mystérieuses qui lui furent faites dans l'oraison. Nous nous reprocherions d'y ajouter ou d'en retrancher un seul mot.

« Dirai-je combien ma peine est grande de ne plus « éprouver depuis longtemps aucun sentiment de « foi, d'espérance et de charité? Je serais tentée de « croire que ces vertus sont éteintes en moi. Mais « non, Dieu m'a fait voir qu'elles existent au fond de « mon cœur; qu'il permet qu'elles y soient cachées « pour que j'aie l'occasion de les pratiquer plus pu- « rement, pour m'humilier et me tenir dans une « vigilance continuelle. Car il veut que je croie, que « j'espère et que j'aime sans avoir aucun sentiment « intime de ces vertus. *Ne serais-tu pas trop heu-* « *reuse*, m'a-t-il dit, *si ces vertus que je tiens cachées* « *à tes yeux, dans ton cœur, y restaient ainsi sous ma* « *garde, sans que tu en ressentisses aucune douceur,* « *jusqu'au dernier instant de ta vie, et qu'à ce mo-* « *ment décisif de ton éternité, je te les fisse retrouver*

« *et sentir? y consens-tu? accepte-tu librement et vo-*
« *lontiers de rester dans cet état d'épreuve et d'obscu-*
« *rité jusqu'à ton dernier soupir, si telle est ma vo-*
« *lonté? Promets-tu de vivre de foi, d'espérance et de*
« *charité, sans avoir aucun sentiment de ces vertus, et*
« *de marcher avec fidélité et constance au milieu de*
« *ces ténèbres, appuyée uniquement sur l'ancre de l'es-*
« *pérance chrétienne? C'est là ce que je veux de toi.*
« *Je te l'ai dit souvent : je t'ai aimée d'un amour de*
« *jalousie ; je t'en fais sentir toutes les rigueurs ; mais*
« *si tu es fidèle, je suis riche et puissant pour te récom-*
« *penser et te dédommager au centuple.* Alors abîmée
« dans l'adoration et la reconnaissance, j'ai consenti
« à tout, je lui ai tout promis, en lui exposant ce-
« pendant ma grande faiblesse et le besoin que j'a-
« vais de sa sainte grâce pour lui être fidèle. »

Non, elle ne viola jamais la promesse qu'elle avait faite à son Dieu. Bien souvent les eaux des tribulations passèrent et repassèrent sur son âme désolée, mais elle espérait. Elle vit sa Communauté menacée dans son existence et à la veille d'une ruine complète, mais elle espérait. Elle gémissait quelquefois de ne pouvoir inspirer à quelques-unes de ses premières compagnes l'esprit religieux qui l'animait ; plusieurs d'entre elles l'avaient même lâchement abandonnée ; son cœur en était profondément attristé, mais elle espérait. D'autres fois elle éprouvait elle-même une prostration entière de forces spirituelles ;

les devoirs de piété, les lectures, les prières, les communions même, tout ce qui auparavant faisait ses délices, lui devenait tout d'un coup amer et insupportable ; mais l'espérance ne l'abandonnait pas. Elle nous révèle le secret de cette confiance : « Si je « combattais seule ces ennemis domestiques, disait- « elle, je perdrais mille fois courage; mais Jésus est « avec moi. M'est-il permis de croire qu'il me délaisse « dans ces combats que je livre pour lui plaire ? Non, « Seigneur ; c'est en vous que j'ai mis mon espérance « et je ne serai pas confondue. »

CHAPITRE III.

SUITE DU MÊME SUJET.

Quelques détails sont nécessaires pour comprendre à quel degré la Mère Saint-Louis avait confiance en Dieu. Nous l'apprécierons mieux en voyant à quelles terribles épreuves il plut à Dieu de la soumettre. Ne soyons pas surpris de la voir chanceler un instant. Ce fut une concession surprise à la faiblesse de la nature, mais qui fut rachetée bientôt par une victoire éclatante.

M. Le Gal n'était pas seulement pour elle un directeur éclairé dans les voies de la perfection, mais un conseiller habile dans les affaires temporelles, un protecteur de sa Congrégation à laquelle il s'était sincèrement affectionné. Il regardait les intérêts de cette Communauté comme les siens, et, chaque année, il venait à son secours en lui prêtant ce dont il pouvait disposer. C'était la providence visible de la Mère Saint-Louis, qui, de son côté, avait en lui une confiance sans bornes. Dieu, dont les desseins sont toujours adorables, quelque sévères qu'ils soient pour nous, sembla vouloir lui enlever cet appui sur lequel elle se reposait peut-être avec une confiance trop humaine. M. Le Gal était de la Congrégation de Saint-Lazare. La place de Supérieur-Général étant devenue vacante, on le jugea propre à la remplir, et il fut mandé à Paris pour cela. C'était, sans contredit, la plaie la plus sensible qui pût être faite au cœur de la vénérable Mère. Aussi sa confiance en fut ébranlée et son courage l'abandonna un instant; d'autant plus que de graves embarras survenus dans le gouvernement de sa Maison, joints aux peines de l'esprit et aux infirmités du corps, la rendaient moins propre que jamais à supporter cette perte. Trois semaines se passèrent ainsi dans une désolation et un découragement qu'elle crut devoir manifester elle-même à son directeur : « Me voilà donc exposée à tomber entre les « mains d'un nouveau Supérieur. S'il me demande

« quels sont les moyens d'existence de mes Maisons,
« et ceux qu'elles auront après moi, que lui dirai-je?
« Avouer la vérité, ne sera-ce pas en éloigner tout
« le monde et les ruiner de crédit? car, vous le sa-
« vez, le produit des ouvrages n'est presque rien;
« mes faibles ressources de fortune n'auraient pas
« suffi jusqu'à ce jour, si votre charité ne m'était ve-
« nue en aide, et, après ma mort, cette fortune se
« trouvera réduite des deux tiers. J'espérais qu'après
« m'avoir aidée pendant ma vie, vous prendriez soin
« de mes chères Filles et de mes pauvres enfants,
« quand je n'y serais plus. Mais vous partez, et avec
« vous toute espérance m'est ravie. Je vais voir tom-
« ber une œuvre à laquelle je me suis sacrifiée!....
« On me reprochera d'avoir abusé de la confiance de
« celles que j'ai réunies dans ces deux Maisons
« (Vannes et Auray), que j'y ai engagées par un vœu
« spécial, sans avoir les moyens de les y faire vivre.
« On me reprochera, et peut-être elles-mêmes le fe-
« ront-elles, de les avoir trompées par de faux expo-
« sés. Dieu me le reprochera-t-il donc aussi?... Je
« vous conjure, au nom de la charité de Jésus-Christ,
« de me tracer la conduite que je dois tenir pour être
« sans reproche devant les hommes, et surtout de-
« vant Dieu. Il serait bien cruel pour moi d'être con-
« damnée au dernier jugement, après avoir tout
« sacrifié pour faire le bien. »

On le voit, le cœur de la pauvre Mère fléchissait sous le poids de la peine. Elle n'était pas insensible aux jugements des hommes, mais elle craignait surtout le jugement de Dieu. Ses projets de charité n'étaient plus à ses yeux que des illusions; ses intentions mêmes n'avaient pas été pures; ses péchés étaient la seule cause de ses malheurs. *Je me suis trompée, et j'ai trompé les autres.* Cette pensée l'accablait. Il fallut que son directeur vînt relever son courage, en lui montrant que tout n'était pas aussi désespéré qu'elle le pensait; que ses Maisons avaient eu de la peine à se soutenir, il est vrai, mais qu'un avenir meilleur s'ouvrait devant elles; que, après tout, Dieu nous tient compte de ce que nous avons fait pour lui, quand même nos œuvres ne réussissent pas. Enfin il lui promit qu'il ne l'abandonnerait pas, quelque part qu'il fût, ni pour le spirituel, ni pour le temporel. Ces paroles firent pénétrer un rayon d'espérance dans cette âme flétrie par la douleur. Elle ranima son courage, et, s'accusant elle-même de pusillanimité et de défiance, elle demanda pardon à Dieu de ses plaintes et se livra plus que jamais à la conduite de sa Providence. Dieu se contenta de cette disposition de cœur; M. Le Gal n'accepta pas la charge qui lui était offerte, et demeura Supérieur du Séminaire de Vannes jusqu'après la mort de la Mère Saint-Louis.

Cette bonne Mère ne se contenta pas de pleurer sa faute; mais elle racheta cette infidélité passagère par la confiance en Dieu la plus entière et la plus absolue. Les occasions ne lui manquèrent pas. Cette année-là même (1812), la disette se faisait sentir partout en France. Le pain était très-cher; les autres denrées avaient augmenté de prix en proportion. Elle fut bien embarrassée, mais elle ne perdit pas la confiance en Dieu, le père des pauvres et des orphelins: « Non, « disait-elle, Dieu ne nous abandonnera pas. Je ne « veux renvoyer aucune de mes petites filles; je les « garderai toutes, quand je devrais vendre pour cela « jusqu'à ma dernière pantoufle. » — « Hélas! ma « pauvre Mère, lui dit en riant une de ses Sœurs, « quand vous vendriez toute votre garde-robe, vous « auriez à peine de quoi leur donner un déjeûner. » — « N'importe, répliqua-t-elle en souriant elle- « même, je n'en renverrai aucune, et je suis sûre « que nous nous en tirerons. » Dieu justifia cette confiance. Il fallut, il est vrai, vivre d'économie, mais au moins on ne manqua pas du nécessaire.

Nous devons avouer cependant que, dans l'ordre spirituel, elle fut plutôt conduite par la voie de la crainte que par celle de la confiance. Tous ses écrits le témoignent. La pensée habituelle qui occupait son esprit était celle de ses péchés passés, et du compte effrayant qu'elle aurait à rendre de toutes les grâces qu'elle avait reçues de Dieu. Mais nous devons ajouter que sa confiance en Dieu, quoique éprouvée par des tentations qui se succédaient sans relâche, ne fut jamais ébranlée. Lorsqu'arrivait une de ces tempêtes intérieures que Dieu permet quelquefois dans les âmes les plus saintes, elle recourait à son directeur, et il suffisait d'un mot de sa part pour la rassurer; ou bien un regard sur son crucifix dissipait les nuages de son âme, une prière à la Sainte-Vierge la fortifiait, une communion la retrempait et la rendait invincible. Bien loin de céder à la tentation, elle la détestait et s'étonnait de trouver en elle ce contraste de sentiments opposés, d'un côté une confiance en Dieu qu'elle voulait avoir à tout prix, et de l'autre un découragement dont elle avait horreur : « Misé-« rable condition que la nôtre, s'écriait-elle! com-« ment se fait-il qu'une chose dont on sent l'odieux, « que l'on déteste, que l'on ne voudrait jamais « éprouver, se trouve néanmoins en nous, que nous « nous y sentions même entraînés? Telle est cepen-« dant la disposition où je me trouve par rapport à « cette belle vertu de confiance et d'abandon à « Dieu. Oui, je vois clairement que je me suis « trop laissé abattre à la vue de mes défauts. O « orgueil! monstre qui renais de tes cendres, mal « dévorant qui détruis les plus belles vertus, c'est « toi qui es la source des fautes que je commets sur « ce point. L'orgueil m'a perdue, l'humilité me sau-« vera. J'ai péché, disait David, et dans cet humble « aveu il puisait la confiance et la force. J'avouerai « donc avec humilité que je ne puis rien faire de bien « par moi-même, mais que je puis tout par vous, ô « mon divin Rédempteur! » Ces paroles nous font comprendre et les combats qu'elle avait à soutenir et les victoires qu'elle remportait sur l'ennemi de son repos.

Mais ce n'était pas assez pour elle d'avoir de la confiance en Dieu, elle voulait qu'il en fût ainsi de toutes ses Sœurs. Elle leur en parlait souvent et saisissait toutes les occasions de leur inspirer les sentiments qui l'animaient. Dans une conférence qu'elle faisait un jour au Noviciat sur la joie et la paix intérieure, une de ses Novices lui dit que dans les états d'aridité et de sécheresse où l'on est quelquefois, il était bien difficile d'avoir de la gaîté, parce que l'on craint d'être dans la tiédeur et de déplaire à Dieu; que d'ailleurs on voit, pour peu que l'on se connaisse, tant d'imperfections dans sa conduite, tant de vices dans son cœur qu'on n'ose plus prier, et qu'on est tenté de se laisser aller au découragement. La bonne Mère l'écoutait en silence; elle la laissait exhaler toutes ses plaintes sans l'interrompre; mais quand elle eut fini, elle lui répliqua : « Quoi! mon enfant, ne sentez-vous « pas qu'alors votre plus grande faute est précisément « votre défaut de confiance? Oui, ajouta-t-elle avec « vivacité, si Dieu me disait : *Je te rejette à cause « de tes iniquités*, je lui répondrais : *Permettez-moi, « Seigneur, de vous dire qu'il n'en est rien; car si vous « vouliez me perdre, vous ne m'avertiriez pas ainsi. « Votre parole, au lieu de m'abattre, m'encourage; « car elle me prouve que vous ne m'avez pas encore « délaissée.* »

CHAPITRE IV.

SON AMOUR POUR DIEU.

Les vertus théologales sont liées ensemble et inséparables l'une de l'autre. « Nous croyons en Dieu, « dit saint Augustin, si nous l'aimons, si nous espé- « rons en lui. » La Mère Saint-Louis, ayant une foi aussi vive que son espérance était ferme et généreuse, devait avoir une charité égale aux deux autres vertus. D'ailleurs, eût-il pu en être autrement? Prévenue, dès son enfance, des *bénédictions de la douceur* de son Dieu, objet de sa prédilection constante, pouvait-elle se défendre de l'aimer? Depuis son entrée en religion surtout, les faveurs signalées dont elle fut comblée, et que nous connaissons par la révélation qu'elle nous en a faite, ne laissaient plus, pour ainsi dire, à son cœur la liberté d'aimer ou de ne pas aimer. Son cœur n'était plus à elle, mais au Dieu à qui elle l'avait donné sans retour. Voici comment elle parle elle-même à ce sujet : « Dans un de ces mo- « ments où, abîmée en Dieu et ne sachant plus que « lui offrir, puisque je n'ai plus rien sur la terre, je

« lui disais : Mon Dieu, je n'ai que mon cœur, je
« vous l'offre ; il a bien des vices, il est tout couvert
« de plaies, guérissez-le, changez-le, portez-y le feu
« et la flamme ; blessez-le d'un de ces traits d'amour
« auxquels rien ne résiste ; eh bien! *j'ai été exaucée,*
« et, depuis ce moment, je languis, je me consume,
« sinon d'amour, au moins du désir d'aimer. » —
« Dieu me veut tout entière, et me le demande de-
« puis quelque temps en me comblant des plus
« grands bienfaits. Que ne puis-je rendre ce que me
« fait éprouver son amour jaloux! il faut le ressentir
« pour le bien connaître. Mais je crois pouvoir dire
« que je suis déterminée à faire triompher l'amour
« de mon Dieu de toutes les lâchetés et les répugnan-
« ces de ma misérable nature. Pour cela je prends
« la résolution (car je suis trop lâche pour en faire
« un vœu), non-seulement de me défaire de tout pé-
« ché et de tout ce qui pourrait déplaire à Dieu, mais
« encore de faire, selon la vue qu'il m'en donnera,
« tout ce que je croirai être le plus agréable à ses yeux
« divins. »

On le voit, ce n'était pas un amour purement spéculatif et qui ne se plaisait que dans les douceurs de la contemplation. Non, c'était ce feu céleste qui excite la volonté, produit le zèle et pousse à s'immoler, s'il le faut, pour l'objet que l'on aime. Aussi porta-t-il la Mère Saint-Louis à sacrifier sa fortune, son repos, sa vie même à la gloire de son Dieu. A la vue des impiétés et des scandales dont la France s'était rendue coupable, son cœur cherche un moyen d'offrir à Dieu une compensation pour les blasphèmes et l'ingratitude des hommes. C'est alors que l'idée de fonder son Institut se présente à elle. Elle l'embrasse avec joie. « Dieu sera béni, adoré, aimé dans cette Maison, se disait-elle; il y aura là des âmes pures, des cœurs innocents qui feront monter vers le ciel l'encens de la prière et la voix des louanges. Si mon amour est trop faible, j'aurai là des pauvres et des enfants dont les hommages sont toujours agréés de Dieu et qui suppléeront à ma froideur et à mon indifférence. » Tels étaient ses sentiments; nous les avons déjà vus lorsque nous avons parlé de l'esprit de son Institut, et nous les trouvons encore retracés à chaque page de ses écrits.

Jugeons maintenant de ce que, dans son humilité, elle appelle sa froideur et son indifférence. Avait-elle le cœur froid, lorsque dans ses exhortations spirituelles elle laissait échapper des paroles brûlantes du feu qui la consumait, et qui faisaient couler des larmes de dévotion des yeux de ses Sœurs ou des enfants? Etait-elle indifférente pour son Dieu celle qui, non contente de l'aimer, voulait porter les autres à l'aimer comme elle? Ou plutôt, ne devons-nous pas dire qu'elle l'aimait à la manière des Saints, en travaillant à sa gloire, jusqu'à s'immoler elle-même comme une victime de charité? Son humilité a beau exagérer la faiblesse de ses sentiments; ce langage, assez commun sur les lèvres des âmes pieuses, ne doit pas nous faire illusion, et il est facile de le réduire à sa juste valeur. Qu'on le juge d'après la citation suivante : « Y a-t-il une souffrance plus cruelle que celle que « j'éprouve?... Ne pouvoir aimer Celui pour lequel « mon cœur brûle d'amour; avoir la volonté de ne « vivre que pour lui dans la souffrance et le martyre, « et cependant sentir dans l'occasion tant de lâcheté « et de répugnance ; lui protester si souvent et de « tout mon cœur, que je lui sacrifie tout, et me voir « encore attachée à des choses si petites, que j'en « rougis de honte. Voilà ma peine; toutes les autres « ne sont rien auprès de celle-là, Ah! puissé-je faire « de ma vie un martyre, une mort continuelle! C'est « le seul soulagement que je puisse apporter à la « douleur que j'éprouve de ne pas aimer Dieu « comme je le voudrais. » Ces paroles n'ont pas besoin de commentaire.

Que l'on aime Dieu, lorsqu'il fait sentir au cœur l'onction de sa grâce et les douceurs de son service ; qu'on l'aime, lorsque l'on sent qu'on en est aimé, rien n'est plus facile même à une vertu médiocre ; mais l'aimer dans l'obscurité et les épreuves, l'aimer sans pouvoir se rendre compte de son amour, l'aimer jusqu'au martyre et à la mort, c'est l'amour solide et désintéressé, le véritable amour, l'amour digne du Dieu qui en est l'objet.

CHAPITRE V.

SA CHARITÉ ENVERS LE PROCHAIN.

« Le second commandement est semblable au premier, » dit Jésus-Christ. Il repose sur le même motif, puisque c'est en vue de Dieu que nous devons aimer le prochain. Maintenant que nous savons combien l'amour de la Mère Saint-Louis pour son Dieu était ardent, nous ne serons pas surpris des œuvres de bienfaisance et de miséricorde auxquelles nous la verrons se livrer. Il semblait qu'elle ne vivait que pour le prochain.

On se rappelle sans doute ce que nous avons dit de ses aumônes et de ses bonnes œuvres (Ire Partie, Chap. IV). Nous ne sommes entrés dans aucun détail, parce que nous nous réservions d'en parler plus longuement dans cette seconde Partie. Nous allons le faire, en nous restreignant toutefois à quelques traits caractéristiques, afin de ne pas dépasser les bornes d'une sage modération. Il ne nous reste que l'embarras du choix.

Lorsqu'elle vivait à Paris avec son époux et ses enfants, M. le Curé de Saint-Sulpice lui avait remis une liste des pauvres les plus nécessiteux de sa paroisse. Tous les matins, aussitôt qu'elle avait satisfait sa dévotion à l'église, elle sortait pour faire sa tournée de charité, munie de tout ce que la tendresse peut suggérer à une mère pour adoucir les douleurs de ses enfants, car les pauvres étaient pour elle une seconde famille. Elle allait les trouver dans leurs mansardes jusqu'au cinquième ou sixième étage, sans être rebutée par la fatigue de la course, la malpropreté des lieux ou la grossièreté de ceux qu'elle visitait. Souvent elle n'était pas annoncée et on ne la connaissait pas. Elle apparaissait alors comme l'ange de la Providence, ayant sur les lèvres des paroles de consolation et dans les mains des largesses inespérées. Lorsqu'elle avait disposé les cœurs à écouter des conseils salutaires, elle parlait le langage de la foi, demandait si l'on remplissait ses devoirs religieux, et montrait qu'en Dieu seul on peut trouver l'adoucissement à ses peines et le remède à ses douleurs; puis, elle se retirait sans vouloir dire son nom, ni le lieu de sa demeure, quelque instance qu'on lui en fît, se dérobant ainsi à la reconnaissance de ses protégés, et ne voulant avoir que Dieu pour témoin de ses œuvres. Oh! que d'infortunes soulagées, que d'afflictions adoucies, que de plaies spirituelles et corporelles guéries, nous ont été ainsi dérobées par son humilité! Un jour d'hiver, elle découvrit, dans un misérable galetas où la neige avait pénétré de toute part, une famille entière réduite à la plus affreuse indigence. Le premier objet qui frappe sa vue est une pauvre femme malade, à peine couverte de quelques haillons, gisant sur un peu de paille fétide; au milieu de l'appartement étaient six petits enfants, à demi nus, rangés autour d'un baquet dans lequel étaient des épluchures de légumes, mêlées de neige, qu'ils avaient ramassées dans la rue. A cette vue, Mme Molé est attendrie jusqu'aux larmes. Elle interroge la pauvre mère qui se mourait d'inanition et dont elle put à peine recueillir quelques paroles entrecoupées. Elle apprit seulement qu'elle était veuve et qu'elle n'avait rien mangé depuis plusieurs jours. Son état de faiblesse témoignait assez de la vérité de ses paroles. Il n'en fallait pas tant pour toucher de compassion la pieuse Dame. Elle s'empresse de donner les premiers secours à cette infortunée et à ses enfants, les assure qu'elle ne les abandonnera pas, et retourne en toute hâte à son hôtel. Il n'y avait pas de temps à perdre, la pauvre femme pouvait mourir faute d'un prompt secours administré avec intelligence. Aussi elle lui envoie aussitôt son médecin pour aviser à ce qu'il y avait à faire, puis quelques-uns de ses serviteurs chargés des choses de première nécessité. Dès lors cette malheureuse famille fut en tête du catalogue des pauvres qu'elle avait à soutenir; elle la visitait souvent et lui donnait des bons de pain, de bois,

de viande et d'autres objets indispensables. La pauvre mère, n'ayant pas d'autre maladie que la faim, recouvra bientôt, à l'aide d'une bonne nourriture, la santé et les forces, et fut en état de reprendre son métier de blanchisseuse qu'elle avait été forcée d'abandonner. Elle ne savait comment exprimer sa reconnaissance à sa bienfaitrice dont elle aurait bien désiré savoir le nom ; mais ce fut en vain qu'elle pressa plusieurs fois Mme Molé de le lui dire. Celle-ci se contentait de lui répondre : « Bénissez la divine Provi-
« dence qui a bien voulu se servir de moi pour vous
« soulager, et pratiquez désormais cette religion
« sainte qui inspire la compassion aux riches et la
« résignation à ceux qui souffrent. » Ne pouvant donc savoir son nom, cette pauvre veuve ne l'appelait plus que *son ange* : *mon ange est venu hier ; j'attends mon ange ce soir*... C'était déjà une bien douce récompense pour Mme Molé, mais Dieu voulut lui en donner une autre plus digne de sa foi et de sa piété. Ses aumônes avaient sauvé la vie du corps à cette pauvre famille, ses pieux conseils lui procurèrent la vie de l'âme. Ces petits enfants, qui étaient devenus les siens, furent, par ses soins, instruits de la religion, formés à la vertu, admis aux Sacrements, et elle eut la consolation d'apprendre, plusieurs années après, qu'ils vivaient chrétiennement, et que, par leur bonne conduite, ils avaient gagné la confiance publique et bien réussi dans leurs affaires.

Quoique Mme Molé aimât à cacher le bien qu'elle faisait, sa charité cependant n'était pas toujours isolée. Elle s'associait volontiers à ceux qui partageaient ses sentiments et montraient la même compassion pour les membres souffrants de Jésus-Christ. Nous apprenons qu'elle était en rapports non-seulement de société, mais encore de bonnes œuvres, avec plusieurs dames de grand nom, plusieurs personnes de la cour, et même avec Madame Elisabeth, sœur de l'infortuné Louis XVI, et Madame la Princesse de Condé. Ces âmes qu'animait la même piété, qu'inspirait le même esprit, devaient se rencontrer sur la route de la charité chrétienne. Toute pensée de bienfaisance vient de Dieu, qui est le Dieu bon par excellence; mais personne n'est mieux appelé à représenter sa providence sur la terre que les riches et les grands du siècle; et quand on voit la charité descendre du palais des rois et entrer dans la cabane du pauvre, on se représente bien mieux la charité de ce Dieu qui, des demeures éternelles, est descendu parmi nous pour guérir nos infirmités et soulager nos misères. Mme Molé ne perdait jamais de vue la grande mission que Dieu lui avait confiée en la faisant naître dans l'opulence, et elle se regarda toujours comme la trésorière de Dieu. Lorsque, plus tard, elle devint Supérieure d'un Institut dévoué à l'instruction et au salut des enfants pauvres, elle était pénétrée de ces mêmes idées et disait à ses Sœurs: « Nous représentons Dieu au-

« près de ces enfants. Un jour il nous demandera si « nous nous sommes revêtues de son esprit, et si « nous avons rempli notre ministère avec un dé« vouement, un zèle et une affection dignes de lui. »

Jésus-Christ ayant dit que la charité était la marque distinctive de ses disciples, la Mère Saint-Louis voulut aussi que ce fût le signe caractéristique des Religieuses de sa Congrégation. C'est pour cela qu'elle leur donna le titre de *Sœurs de la Charité de Saint-Louis*, afin qu'elles eussent sans cesse présent à l'esprit l'objet de leur vocation, et qu'elles imprimassent, pour ainsi dire, ce cachet à toutes leurs œuvres. Mais comment auront-elles de la charité pour les autres, si elles n'en ont pas entre elles ? Aussi elle les avertit *d'entretenir*, dans tous leurs rapports réciproques, *la plus parfaite union, de se donner des témoignages d'une affection sincère et de s'abstenir avec soin de tout ce qui pourrait troubler la paix ; de n'user jamais avec personne, même avec les ouvriers et les domestiques, de paroles impérieuses qui pourraient les blesser.* Enfin leur charité doit être si notoire et si édifiante, qu'elle soit une imitation de celle des premiers chrétiens dont on disait : *Voyez donc comme ils s'aiment.*

CHAPITRE VI.

SON ESPRIT DE PAUVRETÉ.

Les libéralités dont nous venons de parler prouvent combien elle était détachée de tout ce qu'on recherche le plus dans le monde, la fortune et les commodités de la vie. Avant même d'entrer en religion, elle n'estimait les richesses qu'autant qu'elles la mettaient à même de soulager l'indigence et le malheur. Il est vrai que son hôtel était splendide et somptueux, mais sa condition sociale l'exigeait ainsi, et, s'il en eût été autrement, elle eût manqué à ce qu'elle devait aux convenances de son rang et de sa famille. Nous savons, d'ailleurs, combien elle était éloignée d'aimer le faste et la vanité. Comme Esther elle pouvait dire à Dieu : *Vous voyez, Seigneur, la nécessité où je me trouve, et vous savez que, aux jours où je parais le plus magnifiquement vêtue, j'ai en abomination ces vains ornements.* Nous admirons ces sentiments d'humilité, et cependant ce n'était qu'une préparation pour entrer dans une voie plus parfaite. Le moment viendra où Dieu ne lui demandera pas seulement de n'avoir aucune attache à la fortune et aux honneurs qui la suivent, mais d'y renoncer par un dénuement complet de toutes choses. A la pauvreté d'esprit qu'elle avait déjà, elle devra joindre la pauvreté effective et en ressentir les rigueurs. Cet appel de son Dieu la trouva toute prête. Elle soupirait après le moment où elle pourrait marcher pauvre à la suite de Celui *qui, étant pauvre, s'est fait pauvre pour l'amour de nous* (1). Aussi quand Mgr de Pancemont lui annonça qu'elle eût à se préparer à faire les vœux de religion, son cœur s'épanouit à la pensée qu'elle allait enfin renoncer à tout pour s'attacher à Jésus-Christ.

En lisant l'histoire des Ordres religieux et les autres livres ascétiques que ses directeurs lui avaient prêtés pour l'aider à composer la Règle de son Institut, elle avait pu se convaincre que la pauvreté est le rempart de la régularité dans une maison. Tant que les Communautés religieuses ont été pauvres, elles ont conservé leur ferveur primitive. Au contraire, lorsque, enrichies par les dons des pieux fidèles, elles ont mis leur confiance dans cette prospérité temporelle, l'esprit religieux a commencé à s'affaiblir et quelquefois s'est éteint tout à fait. Telle est la leçon de l'expérience. Mme de Chantal, la sainte Fondatrice de la Visitation, exprimait cette pensée dans ces termes aussi énergiques que judicieux : *C'est la piété qui a enfanté les richesses des Ordres religieux ; mais ces filles dénaturées ont étouffé leur mère.* Effrayée de ces

(1) 2. Cor. 8. 9.

dangers, la Mère Saint-Louis n'omit rien pour inspirer à ses Sœurs l'esprit de pauvreté. Elle eût même en cela facilement dépassé les bornes de la prudence, si ses directeurs ne l'avaient arrêtée. Au moins fit-elle en sorte que, dans le lit, la table, les habits, l'ameublement, il n'y eût rien de superflu, rien qui ne convînt à des personnes engagées par vœu à la pauvreté. C'est dans cet esprit qu'elle assujettit ses Religieuses au travail des mains, afin qu'elles ne se considérassent pas comme des riches qui peuvent vivre de leurs revenus, mais comme des pauvres qui ne mangent qu'un pain arrosé de sueurs. Elle leur fit même à ce sujet une instruction solide dans laquelle elle établit la nécessité du travail des mains sur la nature de l'état religieux, sur la pratique constante des anciennes Communautés et sur le sentiment des Saints Pères, des Conciles et des maîtres de la vie spirituelle. « L'état religieux, leur dit-elle, exige qu'on soit « pauvre de cœur et d'affection, et que l'on vive de « privations, de renoncement à ses aises et de sacri- « fices. Et quand je parle de sacrifices, je ne veux « pas dire qu'il faille compromettre sa vie ou sa « santé, mais qu'il est nécessaire non-seulement de « ne pas délicater son corps, mais de le traiter avec « une rigueur discrète...... Voyez Jésus-Christ, notre « modèle. Il a passé le temps qui a précédé son mi- « nistère dans l'exercice d'un métier pénible et assu- « jettissant; c'était celui de Joseph que l'on croyait

« son père ; d'où vient que les Juifs le nommaient « avec mépris le fils du charpentier, charpentier « lui-même. Et en effet, le second Adam, qui était « venu pour expier la faute du premier, voulut subir « la peine ordonnée pour la réparer : *Je suis pauvre,* « dit-il par son Prophète, *et dans les travaux dès ma* « *jeunesse.* » Dans une autre instruction où elle fait ressortir la prééminence des pauvres dans l'Eglise de Jésus-Christ, elle ajoute : « Pour nous, mes chè- « res Filles, si nous tenons à nos propres biens, aux « douceurs et aux jouissances de la vie, nous serons « privées des avantages promis à la pauvreté. Il ne « nous restera que cet anathème effrayant: Malheur à « vous, riches! malheur à vous qui êtes rassasiés ! « Ah! pour échapper à ce coup de foudre et nous « mettre à l'abri de cette malédiction, cachons-nous « sous les ailes de la pauvreté. »

Ces conseils étaient d'autant plus efficaces qu'ils étaient soutenus par l'autorité de ses exemples. Les Religieuses auraient-elles osé murmurer contre la pauvreté, lorsqu'elles voyaient leur Mère qui, après avoir vécu dans le monde au sein de l'abondance et des délices, s'astreignait à toutes les privations de la vie religieuse. Il n'y en avait pas une seule parmi ses Filles qui fût plus pauvrement vêtue. Ses habits étaient si usés qu'on avait bien de la peine à les raccommoder. Quelques-uns n'avaient plus leur couleur primitive, et les pièces rapportées faisaient disparaître en grande partie la première étoffe. Elle fut même obligée un jour de garder le lit, pour qu'on pût rapiécer ses robes, parce qu'elle n'en avait pas d'autres de rechange. Il est arrivé plusieurs fois que celle de ses Filles qui était chargée de la lingerie venait lui dire qu'il ne lui était plus possible de raccommoder tel objet, tant il était vieux et usé. Alors elle lui répondait avec beaucoup de douceur et comme si elle lui eût demandé une grâce : « Allons, ma Fille, pre-« nez courage, essayez encore cette fois. Par là nous « acquerrons un mérite de plus, vous en pratiquant « la patience, et moi en pratiquant la pauvreté. » N'osant plus donner ses souliers au cordonnier de Vannes, qui avait murmuré plusieurs fois d'avoir toujours à mettre pièce sur pièce aux mêmes savattes, elle les envoyait à Auray où quelque pauvre ouvrier lui rendait ce service. Sa chambre ne représentait pas mal l'humble réduit où naquit le Sauveur du monde. Le plancher était ouvert en plusieurs endroits, les murs dégradés, la toiture en si mauvais état, qu'il y pleuvait de toute part dans les grandes averses; enfin les cloisons étaient si mal jointes, que le vent s'y faisait sentir presque autant que dehors. Pour toute autre que pour elle, elle n'eût pas manqué d'ordonner les réparations nécessaires, mais elle ne paraissait pas même y penser. Mme de Lamoignon, sa mère, profita de l'une de ses absences pour faire réparer cette pauvre cellule, mais il fallut qu'elle en payât les frais, conjointement avec M. Le Gal, qui voulut fournir les planches dont on eut besoin. Comme son directeur était intervenu dans cette affaire, elle n'osa pas se plaindre à son retour. C'était même le moyen que l'on prenait ordinairement, quand on voulait obtenir d'elle qu'elle eût quelque chose de plus propre, ou qu'elle acceptât un vêtement neuf. On la *dénonçait* à son directeur qui décidait ce qu'il y avait à faire. Aussitôt qu'il avait prononcé, elle se soumettait sans murmure à sa décision, et ne s'inquiétait plus de l'accomplissement de son vœu. Cependant nous trouvons une plainte ainsi formulée dans une de ses lettres : « Vous me reprochez quelquefois de me laisser « manquer de quelque chose dans mes vêtements, « ma chambre, etc... Ah ! permettez-moi de ressen- « tir un peu la pauvreté et de me priver de tout ce « qui, en ce genre, ne m'est pas d'une absolue né- « cessité, afin d'augmenter par ce moyen ce que je « pourrai donner aux pauvres, aux amis de Jésus- « Christ. Je serais bien heureuse, si vous me per- « mettiez d'être pauvre moi-même. Ne faut-il pas que « je le sois plus que toutes mes Sœurs ? »

Auprès de sa chambre était son petit oratoire. Quel en était l'ameublement ? Un crucifix, une image de la Sainte Vierge, et sept cadres bien modestes où on lisait les sept Psaumes de la Pénitence ; voilà tout. Après cela, n'avons-nous pas lieu de nous étonner de ces reproches qu'elle s'adressait souvent à elle-même : « *Tu veux que rien ne te manque ; tu scandalises tes Sœurs par ta sensualité ; où est donc le vœu que tu as fait de renoncer à tout pour suivre Jésus-Christ ? Tu voudrais que tout le monde fût au-devant de tes désirs. Quand seras-tu donc Religieuse ?* » Ce qui explique ce langage, c'est que les fautes les plus légères contre la pauvreté lui paraissaient graves, parce qu'elles altéraient la ressemblance entre elle et son divin Epoux.

CHAPITRE VII.

SON AMOUR POUR LA CHASTETÉ.

La chasteté, qui est l'ornement d'une fille chrétienne, est la gloire d'une Religieuse qui s'engage par vœu à la pratiquer. Cette vertu est appelée avec raison la *vertu angélique*, parce qu'elle nous élève au-dessus des sens et de la nature, et nous fait vivre d'une vie toute spirituelle comme les anges. Nous ne dirons pas jusqu'à quel degré de perfection la Mère Saint-Louis l'a pratiquée, mais il sera facile de le conclure en voyant combien elle était affectionnée aux vertus qui en sont comme les gardiennes : la modestie des yeux, qui ferme au démon les avenues de l'âme; la mortification, qui tient dans le devoir une chair rebelle; l'humilité, qui produit la défiance de soi-même et inspire la prudence; la vie de retraite, qui éloigne les occasions dangereuses; enfin ce renoncement à toute affection humaine qui réserve au céleste Epoux toute la puissance d'aimer dont le cœur est capable : telles sont les vertus qui furent toujours chères à la Mère Saint-Louis.

Un jour, dans une conférence qu'elle donnait à sa Communauté sur cette matière délicate, elle fit, sans s'en douter, son propre portrait : « Voulez-vous, mes « chères Filles, leur dit-elle, conserver en vous le « précieux trésor de la chasteté? En voici les moyens : « *Vigilance*, *mortification*, *humilité*. Oui, *vigilance* sur « vos pensées, pour n'en admettre aucune qui puisse « porter atteinte à votre innocence; vigilance sur « vos désirs, qui doivent tous tendre à la sainteté; « vigilance sur vos affections, pour ne rien souffrir « d'impur dans un cœur scellé du cachet de l'Epoux; « vigilance dans les regards, pour éviter toute im- « pression mauvaise; vigilance enfin dans vos dis- « cours, afin de ne pas souiller votre imagination et « rappeler à votre esprit des souvenirs dangereux. « Ensuite, *mortification des sens*, qu'il faut toujours « tenir dans une rigoureuse captivité; par conséquent, « ne recherchez jamais ce qui peut flatter le corps, « mais donnez-lui tout juste ce qui lui est nécessaire

« avec une sage discrétion. Point de ces amitiés sen-
« sibles qui partagent le cœur entre Dieu et la créa-
« ture; point de ces démonstrations d'un attachement
« trop naturel qui amollissent et celles qui les don-
« nent et celles qui les reçoivent. Enfin *l'humilité* as-
« surera le mérite de votre chasteté. C'est un grand
« don que la virginité, dit saint Augustin, mais
« plus il est précieux, plus on doit craindre l'écueil
« d'une vaine complaisance. Si on veut la conserver
« intacte, il faut reconnaître en toute humilité, avec
« Salomon, qu'on ne peut la pratiquer par ses pro-
« pres forces, mais qu'elle doit être un don de Dieu.
« Craignons, mes chères Filles, de perdre un trésor
« si précieux et que veulent nous ravir les ennemis
« dont nous sommes environnés; craignons pour ce
« parfum céleste que nous portons dans des vases
« bien fragiles; craignons, mais espérons. La chas-
« teté qui s'appuie sur l'humilité est inaltérable. »

La vénérable Mère, avons-nous dit, faisait son propre portrait en parlant ainsi. Sa vigilance, en effet, fut exacte jusqu'au scrupule. Une pieuse demoiselle, qui demeura constamment auprès d'elle pendant plus de vingt ans, a attesté qu'elle ne vit jamais à découvert que le bout de ses pieds, quoiqu'elle fût presque toujours dans sa chambre, et le jour et la nuit. Malgré son cœur affectueux, elle ne donna jamais ni à ses Sœurs, ni aux enfants, de ces marques sensibles d'amitié que les circonstances semblent quelquefois autoriser, mais qu'interdit la délicatesse de la modestie religieuse. Pour ses sens, nous pouvons dire qu'elle les tenait dans un assujettissement continuel. En cela, comme en tout le reste, elle était un modèle de retenue et de prudence pour ses Sœurs, et celles qui l'ont connue se plaisent aujourd'hui à lui rendre ce témoignage. Sachant à combien de dangers l'angélique vertu est exposée, elle vivait habituellement dans cette *crainte qui est le commencement de la sagesse*, et Dieu l'entretenait dans ces sentiments en permettant qu'elle fût assaillie quelquefois par des tentations humiliantes. « Hélas ! que deviendrais-je, « s'écriait-elle, si j'étais réduite à mes propres forces ? « L'ennemi prévaudrait contre moi et je serais per- « due. Mais il n'en sera pas ainsi, je l'espère. La « défiance de moi-même et la confiance dans ce Dieu « qui fortifie, me feront sortir victorieuse de tous ces « combats. » Elle avait appris cette doctrine de saint Paul, qui, appuyé sur sa propre expérience, disait : *Dieu ne souffrira pas que vous soyez tentés au-dessus de vos forces, mais il fera que vos tentations mêmes vous seront profitables*. Elles le furent en effet pour la Mère Saint-Louis, en la portant à redoubler de vigilance sur elle-même, à recourir à Dieu dans la prière, et à donner à ses compagnes les conseils les plus utiles. Elle voulait aussi qu'elles accoutumassent de bonne heure les enfants à observer partout la plus exacte modestie. « Qu'on leur apprenne, avec l'amour

« de Dieu et de sa religion, à être modestes en tout, « dans leurs paroles, leurs actions, leur maintien, « leur conduite; car c'est la vertu par excellence de « notre sexe. »

La Mère Saint-Louis, il est vrai, n'avait pas la gloire de la virginité, puisqu'elle avait vécu plusieurs années dans l'état du mariage ; mais elle avait racheté cette perte, autant qu'elle pouvait l'être, par la chasteté conjugale et une inaltérable pureté depuis la mort de son époux. Nous pourrions donc lui appliquer les paroles que le grand-prêtre adressait à la vertueuse et intrépide veuve de Béthulie : *Parce que vous avez aimé la chasteté, la main de Dieu vous a fortifiée dans vos projets et vous serez bénie éternellement* (1).

CHAPITRE VIII.

SA PARFAITE OBÉISSANCE.

La grande pensée qui préoccupait la Mère Saint-Louis, quand elle fut sortie de sa prison, fut de connaître les vues de Dieu sur elle. Demeurera-t-elle

(1) Judith, 15, 11.

dans le monde pour diriger ses enfants dans la route de la vertu et se livrer aux œuvres que lui inspire sa charité envers les pauvres ; ou bien se retirera-t-elle dans une solitude pour y vaquer exclusivement à son salut et à sa perfection ? Telle était l'alternative où elle se trouvait. Ses enfants sont bien jeunes encore ; ils peuvent avoir besoin du secours de son expérience. Mais, d'un autre côté, est-ce donc en vain que Dieu lui aurait mis au cœur cet attrait si violent pour la solitude et la retraite ? Et ce qu'elle croit être une voix du ciel ne serait-il qu'une vaine illusion ? De part et d'autre des raisons plausibles et d'égale autorité se présentent à son esprit et entretiennent ses perplexités. *Seigneur, que voulez-vous que je fasse ?* Tel était le résumé de toutes ses prières. En attendant qu'il plût à Dieu de décider cette grave question, elle se soumettait aveuglément à son directeur qui était alors, comme nous l'avons dit, M. le Curé de Saint-Sulpice. Cette soumission n'était pas sans mérite, car l'ennemi de tout bien, qui prévoyait apparemment les fruits salutaires qu'elle devait recueillir dans la pratique de l'obéissance, tourmentait son esprit par des scrupules ou par de spécieux prétextes qu'il lui présentait comme des raisons solides contre les avis et les décisions du confesseur. Cependant, malgré ces troubles intérieurs, elle obéissait ; ses communions étaient faites régulièrement. Seulement il arrivait quelquefois qu'au moment de se présenter à la table sainte, elle croyait devoir consulter son directeur sur des inquiétudes qui lui étaient survenues. S'il est arrivé que celui-ci usât de condescendance pour ne pas la décourager et consentît à écouter quelquefois ses vaines craintes pour les dissiper, le plus souvent il ne voulait pas l'entendre, et exigeait absolument qu'elle soumît en cela son jugement au sien. Cette fermeté coupa court à de vains scrupules qui ordinairement se nourrissent d'amour-propre et d'attache à son sentiment, et auxquels remédie toujours une humble docilité à la voix de celui qui tient la place de Dieu.

Le Seigneur la préparait ainsi à cette obéissance plus stricte, plus détaillée de la vie religieuse à laquelle il l'appelait. Nous ne reviendrons pas sur ce que nous avons dit dans la Ire Partie. Il suffit de se rappeler que, nommée Supérieure, malgré ses résistances, elle courba la tête avec docilité sous la charge qui lui était imposée ; obligée ensuite, par un ordre exprès, d'écrire les Constitutions du nouvel Institut, elle fit violence à son humilité et traça les Règles que l'on devait suivre, quoiqu'elle fût bien convaincue de son incapacité pour ce genre de travail. L'obéissance avait parlé, cela lui suffisait. Voyons-la donc maintenant dans l'exercice de sa charge. Bien loin de se prévaloir de son titre pour se donner plus de liberté, elle se croyait, au contraire, plus obligée que les autres à la pratique exacte des observances religieuses. D'ailleurs elle avait un Supérieur ecclésiastique auquel elle se faisait un devoir d'obéir en toute chose. N'ayant pas la facilité de recourir à lui comme ses Sœurs recouraient à elle et de lui demander *ses permissions* aussi fréquemment qu'elles le faisaient, elle en prenait une note plus ou moins étendue qu'elle lui remettait quand il venait la voir, et, en la lui présentant, elle se mettait à genoux pour recevoir ses ordres avec plus d'humilité. Si, dans l'intervalle de ses visites, il lui survenait quelque affaire qui nécessitât une permission, elle la lui demandait par écrit; ou bien, si le temps lui manquait pour écrire et recevoir une réponse, elle agissait comme elle croyait devoir faire et lui rapportait ensuite tout ce qui s'était passé. Ordinairement elle ne lisait ses lettres qu'après en avoir reçu de lui la permission, à moins qu'elle ne crût qu'elles demandaient une prompte réponse; encore trouvons-nous dans ses écrits qu'elle s'excuse auprès de lui d'avoir été obligée d'agir ainsi. Voilà des détails qui paraîtront peut-être bien minutieux aux personnes du monde. Ne comprenant pas la portée de ces humbles pratiques, elles en souriront peut-être et prendront en pitié celles qui s'y astreignent; mais ce n'est pas pour elles que nous écrivons. Une vraie Religieuse n'ignore pas que c'est dans ces détails surtout, dont l'occasion se présente à chaque instant, que se montre la perfection de l'obéissance. C'est ce que la Mère Saint-Louis voulut faire comprendre un jour à une dame de ses amies qui, voyant son exactitude si ponctuelle, si édifiante, s'étonnait qu'étant Supérieure, elle ne se mît pas plus à l'aise. « Eh! que deviendrait, lui dit-elle, mon vœu « d'obéissance? ne l'ai-je pas fait aussi bien que mes « Sœurs? ne dois-je pas l'observer comme elles et « plus parfaitement encore, puisque je leur dois « l'exemple? » Oui, elle l'observait parfaitement, et Mgr de Pancemont, parlant d'elle à quelques-unes des Religieuses de la maison, leur disait : « Si « j'ordonnais à votre Mère d'aller sur la place publi- « que, les pieds nus, elle le ferait sans hésiter et « sans répliquer un seul mot. » A ce seul trait on peut reconnaître la vraie Religieuse.

Cette obéissance si exemplaire ne donnait-elle pas le droit à la Mère Saint-Louis de l'exiger aussi exacte dans ses Sœurs? Elle voulait leur perfection, et elle savait qu'elle ne peut se trouver que là où cette vertu est fidèlement pratiquée. Aussi n'aimait-elle pas qu'on lui témoignât des répugnances ou qu'on lui objectât de prétendues impossibilités pour se soustraire à un ordre qu'elle avait donné. Ce n'est pas qu'elle exigeât de ses Sœurs rien qui fût au-dessus de leurs forces. Jamais Supérieure ne fut plus condescendante aux faiblesses de ses subordonnées, surtout quand elle voyait qu'il y avait d'ailleurs en elles un véritable esprit religieux. Mais elle n'avait aucun égard au caprice, à l'amour-propre, à la paresse ou à la mauvaise humeur. On peut en juger par le trait suivant, où l'on verra tout à la fois et la douceur et la fermeté de sa conduite : « Voulez-vous me faire un plaisir, « dit-elle à une de ses Sœurs ? — Oui, sans doute, « ma Mère, répond aussitôt celle-ci touchée de cette « marque de confiance. — Eh bien ! je vais faire des-« cendre vos Sœurs à la Communauté, mais vous, « vous resterez avec les Novices pour présider à leurs « travaux. » La Religieuse, flattée de cette distinction, accepte avec joie l'office qui lui est confié. Mais, quelque temps après, la Supérieure l'appelle, et, craignant qu'elle n'eût conçu quelques sentiments d'amour-propre de son emploi, elle lui dit sans préambule : « Vous allez descendre maintenant à la Com-« munauté avec les anciennes. Vous pensez bien que « ce n'est pas pour y être maîtresse et faire votre vo-« lonté.... » Etonnée de ce début, la Religieuse lui « répond : « Ma Mère, je vous en prie, laissez-moi au « Noviciat. — Non, non, répliqua-t-elle sèchement ; il « faut que vous appreniez à être Religieuse et à ne « rien faire à votre tête. » La pauvre fille se retire toute interdite et se soumet à ce qui lui est prescrit. Elle fait plus encore ; croyant entrer dans les vues de sa Supérieure, elle demandait des permissions lors même qu'elle n'en avait pas besoin. Un jour la Mère Saint-Louis la rencontre. « Où allez-vous, lui dit-elle ? « — J'allais demander la permission d'aller donner « ma leçon aux enfants. — Ah ! voilà du raffinement « que je n'aime point. A-t-on besoin de permission

« pour obéir? puisque c'est un emploi que l'obéis-
« sance vous confie, allez-y donc sans tant subtili-
« ser. » C'est ainsi qu'elle exerçait ses Filles à la pratique d'une vertu qu'on a toujours regardée comme le fondement de la vie religieuse, le nerf de la discipline et le moyen infaillible de rendre toutes ses œuvres méritoires devant Dieu.

CHAPITRE IX.

SON HUMILITÉ.

Ce serait, à notre avis, une question oiseuse de demander si l'humilité vaut mieux que l'obéissance, car ces deux vertus sont indispensables dans la vie religieuse et inséparables l'une de l'autre. Quiconque n'obéit pas n'est pas humble, et celui qui manque d'humilité manquera aussi d'obéissance. Nous dirons seulement que dans l'obéissance l'humilité est en pratique, et que, sous ce point de vue, elle l'emporte sur l'humilité spéculative. Quoi qu'il en soit, la Mère Saint-Louis possédait l'une et l'autre vertu.

Nous avons vu son humilité se révéler dès les premiers jours de sa vie religieuse, lorsque Mgr de Pancemont la nomma Supérieure du nouvel Institut. Il fallut lui faire violence pour qu'elle acceptât, et elle ne se rendit qu'à la voix de l'autorité. A peine fut-elle installée dans cette charge, qu'elle conjura son directeur de lui permettre de faire entre ses mains le vœu d'humilité, qu'elle renouvellerait tous les mois, ou plus souvent s'il le jugeait à propos. « Le vice de l'orgueil, lui disait-elle, a de profondes racines dans « mon cœur; vous ne pouvez me rendre un plus « grand service que de m'aider à les arracher. Si « vous n'avez pas la charité de m'humilier, la place « dans laquelle vous m'avez mise sera infailliblement « la cause de ma perte. » La conviction où elle était de son incapacité mettait ces paroles sur ses lèvres. Aussi que d'instances ne fit-elle pas plus tard auprès des Supérieurs ecclésiastiques pour qu'on lui permit de se démettre de sa charge! Elles allaient jusqu'à l'importunité. Un jour qu'elle était avec M. Le Gal, et qu'elle le pressait d'accepter sa démission, le voyant inébranlable, elle en vint jusqu'à faire appeler celle qu'elle destinait à la remplacer, afin qu'il lui annonçât lui-même sa nouvelle dignité et qu'il la disposât à accepter cette charge. Mais M. Le Gal, voyant entrer cette Religieuse, et comprenant les intentions de la Mère, sortit brusquement sans vouloir rien entendre. Elle le rappela, mais inutilement, et il s'échappa en murmurant quelques paroles de mécontentement que l'on n'entendit pas. Jamais on ne l'avait vu de si mauvaise humeur. La Mère Saint-Louis elle-même paraissait très-émue et toute déconcertée. Ce n'est que longtemps après qu'on sut qu'elle voulait absolument obtenir de lui qu'il acceptât sa démission; mais il tint ferme.

Ce n'était pas seulement son humilité qui la portait à faire ces instances réitérées; la délicatesse de sa conscience lui faisait craindre les fautes nombreuses qui pouvaient lui échapper dans le gouvernement de sa maison. Elle était convaincue que, malgré sa vigilance et ses soins, il y avait beaucoup de choses en souffrance pour le spirituel comme pour le temporel. Souvent elle priait ses Sœurs de l'avertir si quelque chose manquait, si les malades n'étaient pas bien soignées, si les enfants n'étaient pas dociles, s'il y avait des mécontentements et des murmures, si la Règle n'était pas fidèlement observée. Elle envoie, un jour, une Religieuse à l'Infirmerie pour voir si l'on avait fait tout ce qu'elle avait ordonné. Celle-ci, ayant rempli sa commission, lui répondit que les malades étaient bien et que rien ne leur manquait, ajoutant que le Dieu de charité n'aurait certainement rien à lui reprocher à ce sujet. « Vous me faites bien plai-
« sir, ma Fille, lui dit-elle. Vous me rassurez sur
« ce point, et je vous en remercie. Mais si vous
« aperceviez en moi quelques défauts, ou si quelques-
« uns de mes devoirs étaient négligés, ayez la charité
« de m'en avertir. » Celle-ci lui répondit avec naïveté :
« Oui, ma Mère, je le ferai. »

Au jour de sa consécration religieuse la Mère Saint-Louis s'était dévouée à la vie cachée. Sa fortune d'autrefois, la noblesse de sa famille, les honneurs dont elle avait été environnée, en un mot, ce que le monde appelle la gloire, tout cela lui apparaissait comme dans un lointain qui ne laissait plus dans son esprit qu'un faible souvenir, encore s'appliquait-elle à l'effacer tous les jours. Depuis le moment où elle avait dit : *J'ai choisi d'être ignorée dans la maison de mon Dieu*, elle souffrait avec peine qu'on lui rappelât ce qu'elle avait été dans le monde, les alliances de sa famille, les personnes distinguées avec lesquelles elle avait vécu. C'était l'embarrasser et même la blesser que de parler sur cette matière. Ses Sœurs la priaient un jour de leur dire quelques particularités de sa vie quand elle était à Paris ; elle fit semblant de ne pas les entendre ; mais, comme elles renouvelaient leurs instances, elle leur répondit : Vous me « demandez là des cheses qui sont si loin de moi, « que je les ai oubliées. D'ailleurs, mes enfants, « ajouta-t-elle, n'ai-je pas dû, comme vous, dire au « monde un éternel adieu ? Ces questions sont donc « inutiles et pour vous et pour moi. » Une autre fois elles lui demandèrent quelles étaient ses armes et le blason de sa famille. « Mes armes ? répondit-« elle, en jouant sur le mot ; mes armes ? je n'ai « pas d'autres armes que la Croix de Jésus-Christ. » C'est ainsi que s'échappait son humilité dans les questions qui auraient pu lui attirer quelque estime (1).

Chaque année, à la fête de Saint-Louis, elle voulait s'humilier, à l'exemple de son saint Patron, en servant à table les petites filles qu'elle avait recueillies dans sa maison. C'était une fête pour ces enfants, pour ses Sœurs un sujet d'édification, et pour elle un acte d'humilité qui la comblait de joie et de consolation spirituelle. Aussi ne voulait-elle céder sa place à aucune autre. Une de ses Sœurs, la voyant fatiguée, lui dit un jour : « Ma Mère, permettez que je vous « aide, la cuiller pèse trop pour vous. — Eh « quoi! lui dit-elle, saint Louis en distribuant la « nourriture aux pauvres ne se fatiguait-il pas ? Il ne « faut pas pour si peu de chose manquer une bonne « occasion de s'humilier. » Ces paroles ne doivent pas nous surprendre. Elles n'étaient, du reste, que le reflet des sentiments de son âme. On peut voir sa pensée intime dans une lettre où, parlant à cœur ouvert, elle exprime les craintes que lui inspire l'orgueil, et le désir qu'elle a de faire des progrès dans

(1) La famille Lamoignon porte : Losangé d'argent et de sable, au franc-quartier d'hermine.

La famille Molé écartelle au premier et au quatrième de gueules au chevron d'or accompagné de deux étoiles en chef de même et d'un croissant en pointe d'argent. Au deuxième et au troisième d'argent au lion de sable.

l'humilité. « L'humilité, écrit-elle, est le fondement « de toutes les vertus; elle en est aussi la gardienne. « Plus qu'une autre j'en sens le besoin, parce que, « rentrant en moi-même, je reconnais que je suis « toute remplie d'orgueil, ce qui me cause une peine « extrême. Les hommes, qui ne jugent que par l'ex-« térieur et ne voient pas mon indignité, me don-« nent des louanges que je ne mérite pas. Sans « doute je réduis ces éloges à leur juste valeur, c'est-« à-dire, à *rien;* mais il n'en est pas moins vrai que « cela réveille et flatte l'amour-propre. L'affection « que l'on me témoigne ici, cette supériorité que me « donne ma place, cette dépendance où l'on est de « moi m'ôtent tout moyen de pratiquer l'humilité. « Que de fois j'ai envié le bonheur de mes Filles! « La vertu ne s'acquiert et ne se fortifie que dans la « pratique, par conséquent l'humilité dans l'humi-« liation. Le moyen le plus sûr pour moi serait de « descendre du rang que j'occupe pour devenir la « dernière de la maison. Dieu sait que j'ai souvent « formé ce désir dans mon cœur; j'en ai même fait « la demande, hélas! inutilement. Ce serait cepen-« dant pour moi une véritable douleur d'y être main-« tenue jusqu'à la fin de ma carrière. Mais tant que « j'y serai, je dois chercher au moins à me préserver « des écueils qui m'y environnent, et m'appliquer à « l'humilité pratique, par exemple: veiller sur mes « paroles et mes actions, afin de n'en laisser échap-

« per aucune qui puisse ou m'attirer des louanges, « ou faire sentir ma supériorité ; céder à l'avis des au- « tres toutes les fois que je n'y verrai pas d'inconvé- « nient réel ; enfin offrir à Dieu tous les jours quel- « ques actes d'humilité selon les occasions. Si elles « ne se présentent pas d'elles-mêmes, je devrai les « rechercher, et Dieu est si bon qu'il me fera la grâce « de les trouver. »

N'est-ce pas là le cachet de la vraie vertu, et trouverions-nous un autre langage dans les Saints qui se sont le plus appliqués à mourir au monde et à eux-mêmes ?

CHAPITRE X.

SA DOUCEUR.

Le Maître a dit : *Apprenez de moi que je suis doux et humble de cœur.* Celui qui est humble se persuade aisément que les autres ne lui doivent rien. Alors il ne murmure pas, il ne se plaint pas avec aigreur quand on n'a pas pour lui les égards qui lui sont dus. Au milieu d'une discussion, il cède volontiers dans la pensée que les autres sont plus éclairés que lui. Enfin, bien convaincu qu'il n'a pas de qualités dont il puisse se prévaloir, il ne censure point la conduite d'autrui et ne relève pas ses défauts avec amertume. Il est doux, parce qu'il est humble. La douceur découle donc de l'humilité comme le baume d'un humble arbuste.

La Mère Saint-Louis n'était pas naturellement portée à la douceur. Malgré la bonté de son cœur qu'avait encore développée l'habitude de la bienfaisance et plus encore sa tendre piété, il y avait dans son caractère quelque chose de raide et de sévère. L'air de grandeur que respirait son visage portait ceux qui ne la connaissaient pas à croire qu'elle était fière, et peut-être en eût-il été ainsi si la grâce n'était venue corriger la nature. Austère pour elle-même, elle l'eût été facilement pour les autres. Un seul trait suffira pour démontrer et son penchant naturel et le travail de la grâce. Un fabricant de coton étant venu la voir, elle lui montra les ateliers et les mécaniques, et lui dit le produit du travail journalier. Celui-ci, ou par ignorance, ou par esprit de critique, ou par quelque motif d'intérêt que nous ne connaissons pas, répondit qu'il était surpris qu'avec de pareils moyens et tant de bras occupés, on ne fît pas plus d'ouvrage. Ces paroles firent impression sur la Mère Saint-Louis, et, sans considérer que ces mécaniques n'étaient mises en mouvement que par les faibles bras de petites filles, aidées par deux ou trois Religieuses dont le temps était partagé entre ce travail et les exercices spirituels de leur sainte profession, elle en prit occasion de faire aux enfants, pendant plusieurs jours, des reproches très-amers sur leur paresse et leur oisiveté, ajoutant qu'il fallait que leur cœur fût bien étranger à la reconnaissance, puisqu'étant nourries et entretenues de tout dans la maison, elles ne voulaient pas travailler. Les pauvres enfants furent très-sensibles à ces reproches, et pendant plusieurs jours la désolation était peinte sur tous les visages. La Religieuse qui présidait aux travaux, voyant des larmes dans tous les yeux, voulut plaider la cause des enfants et rendre témoignage de leur bonne volonté et de leur activité au travail; mais elle ne gagna rien, et la Supérieure la rebuta en disant que puisque les enfants ne voulaient pas travailler, elle allait les renvoyer toutes chez leurs parents et prendre des ouvriers. — *Et les Religieuses, ma Mère*, osa lui répliquer cette Sœur, *vous les renverrez donc aussi; car nous ne sommes pas venues en religion pour travailler avec des ouvriers?* Cette réponse lui ouvrit les yeux, et, comprenant qu'elle avait trop facilement ajouté foi à la parole d'un étranger, elle eut regret d'avoir fait de la peine à ses Sœurs et aux enfants, répara cette faute de son mieux et revint à sa douceur et à sa charité ordinaires.

Nous jugerons, d'après cela, que ce n'était pas sans mérite que la Mère Saint-Louis pratiquait la douceur. Il fallait qu'elle fît des efforts constants sur elle-même et qu'elle exerçât une vigilance exacte sur tous les mouvements de son cœur; sans cela nous aurions à constater bien des traits de brusquerie et d'impatience. Celui-ci se présente à nous comme une ombre qui fait mieux ressortir dans un tableau les brillantes couleurs qui le composent. On est bien aise de trouver quelques-unes de ces fautes passagères dans les vies des Saints, non pour s'autoriser dans le vice, mais pour ne pas se décourager; car si les Saints étaient comme nous portés au mal par nature, ils ont triomphé de leurs penchants vicieux par la grâce divine et le concours d'une volonté ferme et persévérante. La Mère Saint-Louis n'était pas impeccable, mais nous pouvons dire qu'elle ne commettait jamais une faute sans l'apercevoir, et elle ne l'apercevait jamais sans la réparer. Il suffisait qu'elle eût fait de la peine à quelqu'une de ses Sœurs pour lui témoigner ensuite plus d'affection et lui faire plus de prévenances. Elle ne craignait pas même de s'humilier en lui avouant qu'elle avait eu tort en agissant par un sentiment trop humain, ou qu'elle avait été induite en erreur par des rapports inexacts. S'il arrivait quelquefois qu'elle fût obligée par le devoir de sa charge d'adresser une réprimande sévère à une Religieuse ou à une enfant, ce n'était qu'autant qu'elle devenait nécessaire pour corriger la coupable, ou pour la régularité et l'édification commune, et elle revenait aussitôt à des sentiments de bienveillance et à des paroles de douceur qui cicatrisaient la plaie qu'elle avait faite.

Elle avait pour les enfants une condescendance toute maternelle. Elle savait bien qu'il fallait faire la part de l'étourderie de cet âge, et traiter avec indulgence des fautes qui proviennent plutôt de la légèreté de l'esprit que de la malice du cœur. Un jour, étant à sa fenêtre, elle aperçut une des petites filles de la maison qui jetait son soulier dans un prunier pour en faire tomber quelques fruits, mais qui n'avait pu réussir à en abattre un seul, quoiqu'il n'y manquât assurément ni efforts, ni bonne volonté. La bonne Mère, après l'avoir laissée faire pendant quelques minutes, se contenta de lui dire en souriant : *Tu as bien travaillé ; vois donc comme tu es échauffée.* L'enfant, surprise, mais non déconcertée, lui répond : *Ma Mère, je n'ai pas fait tomber une seule prune.* — *Je le sais bien*, dit celle-ci, *mais ce n'est pas de ta faute, car tu as fait tout ce que tu as pu. Va-t-en bien vite, si tu ne veux pas avoir une bonne pénitence.* La petite espiègle partit aussitôt, se félicitant d'en être quitte à si bon marché.

CHAPITRE XI.

SA MORTIFICATION ET SON AMOUR POUR LA CROIX.

Tout ce que nous avons à dire dans ce Chapitre est renfermé dans ce seul mot qu'elle écrivit un jour à M. de Grignon, l'un de ses directeurs : *J'ai demandé à Dieu d'être marquée du sceau de la croix, et je l'ai obtenu.* Pour comprendre la voie crucifiante par laquelle il plut à Dieu de la conduire, il faut se reporter à ce que nous avons dit dans la première Partie de cette histoire. On y verra que Dieu l'avait élevée à l'école de la croix; car si l'on excepte les années qui précédèrent la révolution de 93, elle passa sa vie dans de continuelles épreuves. Mais l'attrait pour les souffrances ne lui fut donné qu'à son entrée en Religion, au moment où elle s'offrit à Dieu comme une victime d'expiation pour les péchés de la France. Bien loin de se ralentir, cet attrait allait toujours croissant. Il semble qu'elle ne pouvait étancher cette soif qu'elle avait de souffrir pour Jésus-Christ, et volontiers, dans les peines qui lui survenaient, elle aurait dit comme saint François-Xavier : *Encore plus*, *Seigneur*, *encore plus*. C'est ce qu'elle écrivait elle-même à son directeur : « J'appelle la croix de toute l'ardeur de mes « désirs, et quand Dieu me fait la grâce d'en sentir « le poids, j'éprouve un vrai regret en voyant qu'il ne « m'en accorde que de petites parcelles. Comme je « suis convaincue que le bonheur de vivre et de mou- « rir attaché à la croix avec Jésus-Christ n'est accordé « qu'aux âmes fidèles, je veux détruire en moi jusqu'à « la racine tout ce qui pourrait y mettre obstacle. Je « veux, pour l'amour de Jésus-Christ, souffrir avec « lui et me rendre victime, dans la seule espérance « que j'obtiendrai ainsi la grâce de souffrir encore da- « vantage; car il n'y a de bonheur pour l'âme qu'il a « percée des traits de son amour, qu'à le suivre au « Calvaire pour y partager ses tourments et mourir « avec lui. » Et dans une autre lettre : « Je ressens « dans ce moment des douleurs très-vives qui, en « m'ôtant la possibilité de tout mouvement, m'impo- « sent aussi la privation la plus douloureuse à mon « cœur. Cependant je me sens portée non-seulement « à ne pas demander à Dieu la délivrance de mes « infirmités, mais à renouveler le *pacte* que j'ai fait « avec la croix. J'ai des moments bien durs à passer, « et où il me semble que je suis prête à me décou- « rager, mais il en est d'autres où je sens si forte- « ment les douceurs de la croix, que je regarderais « comme un malheur d'avoir la plus légère diminu-

« tion dans mes souffrances. Je les aime jusqu'à en « être avare. »

On voit, par ces paroles, que son attrait pour la mortification n'était pas toujours au même degré. La nature réclamait souvent contre ses résolutions les plus généreuses, et il y avait des alternatives de courage et de faiblesse, selon qu'elle se sentait plus ou moins soutenue par la force d'en haut. Ecoutons-la nous raconter elle-même ces combats intérieurs où cependant la grâce divine finissait toujours par triompher de la nature : « J'ai cru aimer la croix, lorsque « je ne la voyais que de loin et qu'une ferveur sensi- « ble me soutenait ; mais quand cette ferveur a cessé, « et que cette croix tant désirée s'est présentée à moi « toute sèche, toute nue, avec ses délaissements et « ses amertumes, au lieu de me jeter dans ses bras, « je me suis crue perdue ; j'ai oublié toutes mes bel- « les promesses. Que cette lâcheté m'a causé de pertes ! « Que je la déplore aujourd'hui ! Pour la réparer, je « renouvelle le vœu par lequel je me suis donnée à « la croix, acceptant non-seulement les souffrances « du corps, mais encore celles de l'esprit et du cœur, « les sécheresses, les délaissements qu'il plaira à « Dieu de m'envoyer, renonçant même à lui deman- « der jamais d'en être délivrée ni même soulagée. »

Pourrait-on trouver dans les écrits des Saints des sentiments plus généreux ? Ils n'étaient, pas plus que nous, à l'abri des tentations de faiblesse et de découragement; mais s'ils sentaient quelquefois toute l'amertume du calice et n'y approchaient leurs lèvres qu'avec répugnance, ce n'était qu'une concession passagère faite à la sensibilité de la nature, et bientôt on les voyait se charger courageusement de la croix et monter au Calvaire. Telle se montra la Mère Saint-Louis. Non contente de saisir à chaque instant l'occasion de se mortifier, elle était ingénieuse, à l'exemple des Saints, à inventer les moyens de souffrir pour Jésus-Christ. L'usage des instruments de pénitence lui était familier, mais son humilité mettait tant de soins à cacher tout ce qu'elle faisait en ce genre, que les détails nous échappent, et nous aimons mieux nous taire et admirer, que de citer des faits dont la vérité ne serait pas tout à fait incontestable. Nous dirons seulement qu'on s'est aperçu bien des fois qu'elle avait les bras meurtris et comme flagellés. Qu'avait-elle fait? On l'ignore. Peut-être était-ce la trace de coups de discipline ou des cordelettes avec lesquelles elle s'était serré les bras pour se punir de quelque complaisance de vanité. On n'osait pas lui faire à ce sujet des questions indiscrètes, qui sans doute n'auraient obtenu d'elle que des réponses évasives.

Dans les dernières années de sa vie, accablée d'infirmités, elle fut obligée, par ordre de ses Supérieurs et par décision des médecins, d'user des adoucissements qu'on accordait aux autres malades dans la Communauté. Elle se les reprochait, il est vrai, comme des délicatesses indignes d'une Religieuse; mais il fallait bien faire céder la mortification à l'obéissance. Peut-être alors regrettait-elle d'avoir traité son corps avec trop de rigueur, et de l'avoir mis par là hors d'état de supporter les austérités de la Règle commune. Quoi qu'il en soit, les veilles prolongées, les jeûnes fréquents, les macérations journalières étaient sans doute de nature à altérer une santé éprouvée déjà par tant de tribulations. La Règle de la Maison accordait aux Religieuses un matelas et une paillasse. C'était trop d'adoucissement pour elle; mais elle n'osait retrancher ni l'un ni l'autre, dans la crainte qu'on ne s'en aperçût. Elle prit donc un tempérament qui, sans la singulariser beaucoup aux yeux de ses Sœurs, favorisait néanmoins son esprit de pénitence. Elle fit piquer sa paillasse, en sorte qu'elle était aussi raide et aussi dure qu'une planche, et ne fit battre son matelas que deux fois dans l'espace de vingt ans. Souvent obligée de se coucher plusieurs heures après la Communauté, soit pour travailler à ses Constitutions, soit pour préparer les instructions qu'elle devait donner à ses Sœurs, soit enfin qu'elle s'oubliât dans ses longues oraisons, elle ne laissait pas pour cela de se lever en même temps que les autres, et de leur donner en cela, comme en tout le reste, l'exemple de la régularité.

Quelque pauvre et frugale que fût la table de la Communauté, elle trouvait encore le moyen de s'y imposer des privations. Jamais elle ne prenait que d'un plat, quel qu'il fût, et n'assaisonnait ce qu'elle mangeait ni de sel, ni de poivre, ni d'aucune autre épice, mais le prenait tel qu'il était servi, sans jamais se plaindre qu'il fût mal apprêté. Si cependant elle croyait que telle nourriture fût nuisible à la santé de ses Sœurs ou à celle des enfants, elle se faisait alors un devoir de conscience d'avertir les cuisinières de la maison. Comme on savait qu'elle aimait beaucoup le fruit, on lui en servait quelquefois ; mais elle n'y touchait jamais, et couvrait encore cette pénitence sous des prétextes de santé. Tant qu'elle ne fut pas malade, elle s'abstint de faire du feu dans sa chambre ; si quelquefois le froid l'empêchait de travailler ou d'écrire, elle faisait une petite flamme avec des enveloppes de lettres ou quelques chiffons de papier. Ce ne fut que dans les dernières années de sa vie, que ses Supérieurs, à cause de ses infirmités, l'obligèrent à chauffer sa pauvre cellule.

Nous nous abstenons d'autres détails. Ce que nous venons de dire suffit pour faire comprendre comment elle entendait le *pacte* dont nous avons parlé et qu'elle raconte elle-même en ces termes : « Il y a quinze « ans que j'ai fait ce *pacte* avec la croix. Un jour que « je l'exprimais à Jésus-Christ avec toute l'ardeur de « mon âme, j'entendis une voix intérieure qui me « disait, comme aux fils de Zébédée : *Pouvez-vous « boire au calice que je boirai ?* Cette parole suspendit

« l'élan de mon cœur. Mais un instant après, misé-
« rable que je suis! j'eus bien la hardiesse de répon-
« dre! *Oui, mon Dieu, c'est votre calice que je veux*
« *boire; c'est de votre baptême de sang que je veux être*
« *baptisée.* La même voix me fit entendre alors que
« cette grâce m'était accordée. Depuis ce temps, mal-
« gré mes nombreuses infidélités, je puis dire que
« mon désir, mon amour pour la croix n'a jamais
« changé, et je serais prête encore à renouveler mon
« *pacte téméraire.* »

Après avoir entendu ces paroles, on ne sera plus surpris de tout ce que nous avons dit, de tout ce que nous dirons encore des mortifications de la Mère Saint-Louis. Le germe est là, il doit produire ses fruits.

CHAPITRE XII.

SES TENTATIONS ET SES ÉPREUVES INTÉRIEURES.

Les peines les plus sensibles ne sont pas toujours celles qui paraissent au dehors. Dieu permet que les âmes les plus éminentes en vertus soient en butte à des combats intérieurs plus pénibles cent fois que les souffrances corporelles. Elles doivent, comme les

Israélites, bâtir d'une main l'édifice de leur perfection et de l'autre tenir le glaive pour repousser l'ennemi. Dieu par là veut leur faire sentir qu'elles doivent opérer leur salut avec crainte et tremblement, puisqu'à chaque instant elles se voient sur le bord de l'abîme; il les tient ainsi dans une dépendance continuelle de la grâce dont elles sentent plus vivement le besoin, quand elles se voient harcelées par un ennemi infatigable et qui ne se rebute pas d'une défaite; enfin il veut les tenir constamment en haleine dans la crainte qu'elles ne s'endorment dans une fausse sécurité. Telle fut la conduite de Dieu envers la Mère Saint-Louis. Mais il ne l'abandonna pas à sa faiblesse, et, s'il permit qu'il lui échappât quelques fautes de surprise et de fragilité, il ne voulut pas que l'ange de troubles et de ténèbres pût se prévaloir d'un triomphe. Nous allons en juger par le récit qu'elle nous fera elle-même: « Dieu m'a fait, depuis quelques jours, bien « des grâces; mais aussi, pour m'humilier, il a per- « mis que, pendant tout ce temps, j'aie été tourmen- « tée par des pensées d'amour-propre et de vaine et « sotte complaisance en moi-même. A peine avais-je « fini de dire ou de faire quelque chose de bien, que « des pensées d'orgueil se présentaient à mon esprit. « Je les trouvais d'abord si dépourvues de bon sens, « si *bêtes* (1), que je les renvoyais avec mépris; mais,

(1) Nous conservons ces expressions, quelque dures qu'elles soient.

« voyant leur ténacité, je me trouvai à la fin profon-
« dément humiliée et douloureusement affectée de ce
« que je ne pouvais pas faire le plus petit bien sans
« que le démon vînt comme empoisonner cette action
« et convertir ce bien en mal. Durant deux jours,
« j'ai tant souffert de cet état, que vraiment, si j'ose
« m'exprimer ainsi, je redoutais les occasions de faire
« quelque bonne œuvre de peur de déplaire à Dieu,
« par mon orgueil après l'avoir faite. Je craignais
« d'être dans l'illusion tout en agissant pour Dieu,
« puisque l'amour-propre venait tout gâter. » Elle était bien loin d'être dans l'illusion, mais c'en eût été une évidente et palpable de cesser de bien faire dans la crainte d'en avoir des pensées d'amour-propre. Saint Bernard éprouvait les mêmes tentations, et il ne croyait pas qu'elles lui ôtassent le mérite de ses œuvres. Il répondait simplement au démon : *Ce n'est pas pour toi que j'ai commencé, je ne cesserai pas pour toi;* et il continuait d'agir.

La peine qu'éprouvait la Mère Saint-Louis était bien plus grande encore, quand elle voyait sa foi mise en péril par les tentations les plus vives et les plus opiniâtres. Il lui semblait alors que l'édifice de son salut était ébranlé par la base. « Voilà près d'un mois,
« dit-elle, que je suis assiégée de pensées contre la

parce qu'elles peignent bien le mépris qu'elle faisait de ses tentations et l'horreur qu'elles lui inspiraient.

« foi. Elles vont jusqu'à nier la divinité de Jésus-« Christ et sa présence réelle dans la sainte Eucha-« ristie. Mon cœur et ma volonté les désavouent ; « mais que cela est pénible ! O divinité de mon Jésus ! « seul fondement de mon espéranec, unique conso-« lation dans mes peines, que deviendrais-je si vous « m'étiez ravie ? » Il est évident que toute cette tempête ne se passait que dans son esprit et son imagination et ne pénétrait pas dans son cœur, puisque sa volonté désavouait tout, et qu'elle eût mieux aimé perdre la vie que la foi. — Ailleurs, nous la voyons tentée de désespérer de son salut, mais quelle générosité dans son désespoir même ! « La tentation est « revenue plus forte que jamais. Cette pensée : *Je suis « perdue !* se présente à chaque instant et m'accable. « Que de larmes elle m'a fait verser ! mais les larmes « ne m'en délivrent pas. Plus je vais, plus elle me « poursuit. Le ciel me paraît d'airain. Hier soir en-« core, dans un moment où réellement elle m'acca-« blait, je m'écriai tout haut (heureusement j'étais « seule) : Mon Dieu, quand il serait vrai que vous « m'auriez rejetée, puisque vous me laissez encore « sur la terre, je puis réparer le passé, et je dois « même espérer que vous vous laisserez fléchir par « mes larmes. » Dieu peut-il ne pas se laisser fléchir, quand il trouve des sentiments si généreux, quand il voit qu'on craint d'être séparé de lui, de ne pas l'aimer assez ? Mais il permettait, pour éprouver sa fidèle servante, qu'un voile lui dérobât la vue de l'état réel de son âme, et qu'elle crût n'avoir ni foi, ni espérance, ni charité. « Je me regarde comme convaincue de « ne pas aimer Dieu. Mais comment est-il possible « qu'un cœur aussi sensible que le mien, aussi porté « à l'affection, ne puisse pas parvenir à s'attacher à « Dieu qu'il voudrait aimer par-dessus tout et uni- « quement? Je sens le vide des autres attachements, « l'amertume dont ils remplissent l'âme, et malgré « moi je m'y sens portée. Enfin je cherche ce que je « ne voudrais pas trouver, j'aime ce que je ne vou- « drais pas aimer, et cet état fait de ma vie un long « et douloureux martyre. » Nous sommes persuadé qu'elle n'eût pas été embarrassée pour donner une décision à l'une de ses Sœurs qui lui aurait tenu ce langage. Elle n'eût pas hésité à lui dire : « Courage, ma Fille; vous aimez Dieu, puisque vous voulez l'aimer; vous aimez Dieu, puisque, malgré l'attrait de la nature qui vous porte vers les objets créés, vous ne voulez aimer que lui par-dessus toutes choses. » Mais cette décision, qu'elle eût si facilement donnée à une autre, elle n'osait se la donner à elle-même, elle ne le pouvait même pas. Une profonde obscurité enveloppait son âme, et, ce qui était plus pénible encore, elle se voyait dans l'impossibilité de découvrir à son directeur ce qui se passait en elle; en sorte que, ne recevant de lumière ni du ciel ni de la terre, elle craignait de s'égarer et de tomber dans un abîme. « Les

« ténèbres se sont épaissies autour de moi, au point
« que je ne vois plus rien, je ne connais plus rien.
« Jésus paraît éloigné de moi. Ces connaissances si
« grandes, si délicieuses qu'il me donnait de ses per-
« fections, des adorables mystères de son amour, la
« vue même de ma bassesse et de mon néant, tout
« semble perdu; je ne suis plus capable de rien.
« Est-ce une épreuve? est-ce un châtiment? Je recon-
« nais, ô mon Dieu! que, si vous me traitez dans la
« sévérité de votre justice, je l'ai bien mérité; mais
« ayez pitié de moi. Humiliez votre servante tant qu'il
« vous plaira et comme il vous plaira, mais ne l'aban-
« donnez pas. Ai-je vécu dans l'illusion jusqu'à pré-
« sent? voilà la crainte qui m'oppresse. N'était-ce
« donc pas vous, ô mon Jésus! qui éclairiez mon es-
« prit, qui parliez à mon cœur, qui le touchiez, qui
« l'embrasiez, qui en faisiez sortir ces soupirs tout de
« feu qui s'élevaient vers vous? Quand je me croyais
« humblement prosternée à vos pieds, les arrosant
« des larmes d'un amour pénitent; quand, pénétrée
« de la confiance que m'inspiraient vos miséricordes,
« j'osais me jeter entre vos bras; quand je me don-
« nais à vous tout entière, n'était-ce donc pas vous
« que j'adorais, que j'aimais? Etait-ce donc votre en-
« nemi? Oh! non, mon Jésus, vous connaissez le
« cœur de votre servante. Je vous l'ai dit bien sou-
« vent, dans les ravissements, les extases que me
« faisaient éprouver les assauts que vous donniez à

« mon cœur, je vous l'ai dit et vous le répète en ce
« moment d'affliction et d'angoisse, je suis prête à
« renoncer à ces consolations, si je dois vous plaire
« davantage; mais ne permettez pas que l'ennemi de
« mon salut, qui est aussi le vôtre, me séduise et me
« trompe. Si encore je pouvais recourir à celui que
« vous m'avez donné pour guide! Mais dès que je veux
« lui découvrir ce qui s'opère dans mon âme, je me
« trouve liée comme par une puissance invisible et
« privée des lumières dont j'aurais besoin. Si je re-
« cours à vous, ô mon Jésus! je ne vous trouve plus,
« ou, si je vous trouve, vous n'êtes plus ce tendre
« Epoux de mon cœur, mais un Dieu sévère et irrité.
« O mon Dieu! faites-moi endurer tout ce qu'il vous
« plaira, humiliations, afflictions, souffrances de
« toute espèce, j'accepte tout; je ne demande qu'une
« chose: faites-moi connaître la voie qui doit me con-
« duire à vous et faites que j'y marche. »

On ne peut lire ces lignes sans prendre part à la désolation de la vénérable Mère; on souhaite avec elle qu'un rayon de lumière vienne percer les ténèbres qui l'environnent, mais on ne peut s'empêcher de voir que, dans cet état même, elle est agréable à Dieu, et que son cœur n'a pas cessé de l'aimer, quoiqu'elle ne puisse pas se rendre compte de son amour. Le démon profitait de ces moments d'obscurité pour la tourmenter et lui inspirer même des pensées de désespoir. Voici comment elle s'en plaint à son directeur:

« Tantôt la nature s'attriste au point que la vie me « semble un fardeau insupportable ; tantôt elle « voudrait se révolter, me faire regarder en arrière « et regretter ce que j'ai fait pour Dieu. Oh! que dans « ces moments je suis malheureuse ! comment vous « dire toutes les pensées que le démon me suggère ? « Il grossit mes peines ; il me fait trouver dur de n'a- « voir personne sur la terre qui les partage, qui « m'aide et m'encourage à les porter. Il me dit quel- « quefois que vous êtes d'une sévérité outrée pour « moi, que vous vous moquez de moi, que vous me « prenez pour une folle, etc., etc. »

Il ne faudrait pas croire cependant que ces désolations intérieures fussent habituelles. Dieu veut bien éprouver ses serviteurs, mais il ne veut pas les briser ; il sait proportionner à leurs forces les croix qu'il leur impose, et il y a dans son calice un mystérieux mélange d'amertume et de douceur. Nous verrons, dans le chapitre suivant, que la Mère Saint-Louis était favorisée de grâces si singulières qu'une seule eût été une compensation suffisante à plusieurs années d'angoisses et d'afflictions. Du reste, ces tempêtes intérieures ne l'étonnaient pas ; elle s'y attendait. « Dieu m'a prévenue longtemps à l'avance, dit-elle, « que je ressentirais dans mon corps de cruelles souf- « frances, que mon esprit et mon cœur seraient rem- « plis d'amertume, que je serais réduite à un tel état « de délaissement intérieur, qu'il me semblerait n'a-

« voir plus rien à attendre de Dieu et des créatures,
« que ma peine serait si grande que je ne se-
« rais pas capable de goûter de consolations, que
« l'ennemi de mon salut emploierait tous les moyens
« de me porter à désespérer de la providence et de
« la miséricorde de mon Dieu; enfin, que je souffri-
« rais un cruel martyre. Mais Dieu m'a montré en
« même temps que c'était la conséquence nécessaire
« du dévouement avec lequel je m'étais offerte à lui
« comme une victime. »

Quoique prévues, désirées, demandées, ces peines ne laissaient pas d'être bien sensibles au cœur de la vénérable Mère; et si, d'un côté, elle était saintement avide de croix; de l'autre, quand elle en sentait tout le poids, elle demandait à Dieu ou de les alléger, ou d'augmenter ses forces.

CHAPITRE XIII.

FAVEURS SURNATURELLES QUE DIEU LUI ACCORDE.

Nous ne voulons pas juger ces grâces extraordinaires que recevait de Dieu la Mère Saint-Louis

Etaient-elles de vraies opérations de l'Esprit-Saint dans son âme, ou bien une imagination naturellement vive y avait-elle quelque part, c'est une question sur laquelle nous n'avons pas à nous prononcer. Nous ne sommes qu'historien et nous nous contentons de rapporter les faits. Dans l'un et l'autre cas, ce sont toujours des faveurs, et nous ne les qualifions pas autrement. Nous ferons néanmoins cette observation, que tout ce qu'elle éprouvait, voyait ou entendait, la portait à l'humilité, à une dépendance plus entière de son directeur, à une vigilance plus exacte sur elle-même, et réveillait en elle une foi plus vive, une confiance en Dieu plus entière et un amour généreux jusqu'au sacrifice. N'est-ce pas là le cachet des opérations divines ? Du reste, que l'on en juge d'après ses propres paroles ; nous ne faisons que transcrire les notes que nous trouvons dans ses écrits :

« Je conjure mon bien-aimé Jésus, qui me com-
« mande d'écrire, de conduire lui-même ma plume.
« Peu de moments après avoir commencé mon orai-
« son, je me suis trouvée transportée par la contem-
« plation en la présence de la sainte Trinité. Le Père
« éternel semblait jeter sur moi un regard de misé-
« ricorde; le Saint-Esprit m'embrasait de ses divines
« ardeurs, et Jésus, mon bien-aimé, me fit entendre
« sa voix. Oh ! comment exprimerai-je ce que je veux
« dire ? Cette voix, que je crus bien reconnaître pour
« celle de mon Sauveur, de mon Epoux, me dit

« *que mes prières, mes larmes, mes gémissements m'a-*
« *vaient fait trouver grâce devant lui ; que Marie, sa*
« *sainte Mère, et mon bienheureux Patron saint Louis,*
« *les avaient portés au pied de son trône, qu'ils n'a-*
« *vaient pas cessé d'intercéder pour moi, que mon sa-*
« *crifice était accepté, et qu'il me traiterait désormais*
« *en véritable disciple et amante de la croix, me la*
« *faisant réellement porter avec lui.* Pendant que cette
« voix me parlait, j'étais si abîmée et si confuse que
« je ne pouvais rien dire; mais bientôt après, les sen-
« timents de reconnaissance et d'amour furent si vio-
« lents que, mon cœur ne pouvant plus les contenir,
« je m'écriai : *Est-ce bien vous, ô mon Dieu ! qui me*
« *parlez ? Est-il possible que vous vous abaissiez jus-*
« *qu'à moi ? — Oui, me fut-il répondu, c'est moi qui*
« *t'ai aimée de toute éternité et qui t'aime encore malgré*
« *tes infidélités et ton ingratitude ; c'est moi qui veux*
« *vaincre la dureté de ton cœur par mon amour et mes*
« *bienfaits, bienfaits si grands que ton esprit ne sera*
« *pas capable de les comprendre, et que ton cœur même*
« *ne les goûtera qu'imparfaitement. C'est aujourd'hui*
« *le moment de ma grâce, où, perçant moi-même ton*
« *misérable cœur d'un trait brûlant, j'y écris mon nom*
« *et je le marque du sceau de ma croix, parce que je*
« *te prends à moi plus que jamais. J'écris aussi ton nom*
« *dans mon cœur.....* Ces dernières paroles m'ont
« terrassée; je ne sais ce que je suis devenue. J'en-
« tendis encore une fois la voix de Jésus me dire

« qu'il bénirait moi et l'œuvre dont il m'avait char-
« gée, et sur laquelle il jetait en ce jour un regard
« de miséricorde. »

Le plus ordinairement la Mère Saint-Louis se sentait attirée à la contemplation des mystères de Jésus-Christ, quelquefois par des mouvements vifs et animés qui l'entraînaient; d'autres fois, par un sentiment plus calme, plus paisible, par une impression de foi qui lui rendait comme visibles les mystères les plus profonds de l'amour de Jésus. « Il ne se découvre plus
« à moi doux et aimant comme auparavant, mais plus
« sévère, plus Dieu; et quoique cela m'ait paru un
« peu dur, j'en sens tout le prix et je vois que sa
« grâce agit plus puissamment en moi. » Ces paroles nous donnent à entendre que Dieu la conduisait par une voie rude et laborieuse, et que, s'il lui accordait de goûter en passant quelques douceurs, c'était pour la préparer à boire plus courageusement au calice amer qu'il voulait lui présenter. Elle ne devait pas perdre de vue qu'elle était l'épouse du Crucifié, et qu'elle l'avait demandé comme une faveur. C'est pour cela sans doute que Notre-Seigneur voulut se montrer à elle tel qu'il était au jour de son crucifiement. « Etant seule dans notre chapelle, il y a trois
« jours, en un état de sécheresse, je puis même dire
« d'impuissance totale, je vis (et cependant j'avais
« les yeux fermés) la face de Notre-Seigneur Jésus-
« Christ couronné d'épines et tout couvert de sang.

« Il me semblait qu'il était tout près de moi. Je me
« trouvai remplie d'une religieuse frayeur. Je voulus
« lever les mains, mais il me fut impossible de les
« mouvoir. J'ouvris les yeux, et je ne vis plus rien.
« Cette vision n'a-t-elle disparu que pour punir ma
« curiosité, je l'ignore ; ce que je sais, c'est que des
« actes d'adoration, d'amour, de reconnaissance se
« formèrent d'eux-mêmes dans mon cœur. Depuis ce
« temps, quoique je ne voie plus rien, je conserve
« une si vive image de ce qui m'est apparu, qu'elle
« semble me suivre partout, pour m'encourager à
« porter ma croix avec Jésus-Christ. »

C'est surtout dans la sainte Communion ou dans l'oraison qui la suivait qu'elle éprouvait les familiarités les plus intimes de son céleste Epoux. Elle en parle en plus de vingt endroits de ses écrits, et nous sommes obligé de nous borner à une courte citation qui suffira pour faire connaître la nature des délices dont elle jouissait. « Après avoir reçu mon Dieu, j'ai
« senti qu'un feu divin s'allumait dans mon cœur,
« feu divin qu'on peut bien éprouver, mais qu'il est
« impossible de faire comprendre. Ce n'est pas ce
« que l'on pourrait appeler précisément des douceurs ;
« non, c'est un état douloureux et très-douloureux,
« mais l'on aime cette douleur, et l'on y goûte un
« bonheur que l'on préfère à toutes les douceurs ima-
« ginables. » Elle ressentait quelquefois une dévotion si tendre, que ses larmes étaient intarissables, et

coulaient plutôt, dit-elle, *de son cœur que de ses yeux.* Tantôt c'était une joie délicieuse qui de l'âme se communiquait au corps, en sorte qu'elle ne sentait plus ni faiblesse, ni infirmité; tantôt elle éprouvait la présence de son Dieu par des impressions secrètes qu'elle ne sait comment exprimer. Tout ce qu'elle peut dire, c'est qu'il lui semblait que *le précieux corps de Jésus-Christ, qu'elle tenait sur sa langue, répandait en elle une vie et une force inconnues.*

Mais Jésus ne bornait pas là ses faveurs. Non content de lui apparaître sur la terre, il voulut laisser pénétrer jusqu'à elle un rayon de cette lumière dont il est environné dans le ciel, et même lui montrer la place qu'il lui réservait au milieu des Bienheureux. Nous nous tairons encore ici pour la laisser parler elle-même : « Jésus se fait sentir à mon cœur comme si « je le voyais. Il m'entraîne à l'adorer dans son in« carnation, sa naissance, son enfance, et cela avec « des sentiments de foi et d'amour que lui seul peut « produire en moi. Au milieu de ces hommages qu'il « veut que je lui rende dans l'état où il était pendant « sa vie mortelle, il permet quelquefois qu'un mou« vement de son esprit me fasse lever les yeux vers « le ciel pour le contempler un moment dans la « gloire où il a fait entrer sa sainte humanité. » Et ailleurs : « Durant mon oraison, que j'avais com« mencée comme à l'ordinaire, je me suis sentie, je « ne sais comment, transportée hors de moi-même.

« Mon esprit a été rempli de lumières nouvelles « qui n'avaient pas de rapports avec mon sujet d'o- « raison. Mon cœur s'est vu comme percé d'un trait « brûlant et douloureux. Je ne pouvais plus penser, « plus parler; je ne pouvais que pleurer; mais quel « bonheur dans ces larmes! Je me suis trouvée dans « un état d'espérance dont je ne connaissais pas la « douceur. Le Ciel est encore à moi, si je suis fidèle. « Je l'ai vu ouvert, et j'ai vu aussi tout ce qu'il fal- « lait faire pour y entrer. Ah! plutôt tout souffrir « que de perdre la place qui m'y est réservée. *Après* « *que je l'ai vue, qui pourrait m'y faire renoncer?* » Ne semble-t-il pas entendre saint Paul, revenu du troisième ciel, s'écrier : *Il n'y a pas de proportion entre les peines de cette vie et la gloire que Dieu nous réserve dans le ciel* (1).

(1) Rom. 8, 18.

CHAPITRE XIV.

SON ZÈLE ET SA PRUDENCE DANS LA CONDUITE DES AMES.

Approchez de Dieu, et vous serez éclairés, nous dit le Prophète (1). La Mère Saint-Louis l'avait expérimenté par elle-même. C'est dans ses intimes communications avec Dieu qu'elle puisait les lumières qui l'éclairaient non-seulement pour sa propre conduite, mais encore pour la direction des autres. Sans doute l'exemple est la voie la plus courte pour conduire les âmes à la perfection, et nous avons vu que la Mère Saint-Louis était pour ses Sœurs comme une Règle vivante et un modèle de toutes les vertus religieuses. Mais elles ne voyaient de la sainteté de leur Supérieure que ce qu'elle laissait transpirer au dehors. D'ailleurs, si elles avaient soulevé le voile de son humilité et aperçu des vertus plus héroïques, elles se seraient facilement persuadées que c'était un degré

(1) Psalm. 33. 6.

de perfection propre à leur Mère, et auquel elles n'étaient pas appelées. Peut-être enfin l'habitude de la voir diminuait-elle l'impression de ses exemples. Il fallait donc, qu'à l'imitation du Sauveur qui instruisit ses disciples par ses discours, après les avoir édifiés par la vue de ses perfections, elle joignît, aussi elle, les enseignements de la parole à l'influence d'une sainte vie. Il fallait que des instructions solides et touchantes vinssent réveiller leur langueur, éclairer leur ignorance et leur ouvrir la voie. Il fallait enfin poser les principes de la perfection religieuse et les mettre à la portée de toutes. La vénérable Fondatrice ne manqua pas à ce devoir, et nous pouvons dire qu'aucune Supérieure ne fut plus capable de le remplir. Outre qu'elle connaissait à fond les Règles religieuses qu'elle avait beaucoup étudiées dans les livres et dont elle avait acquis par elle-même la science pratique, elle avait reçu de Dieu une rare facilité d'écrire et de parler, et ses instructions étaient nourries de passages de la Sainte Ecriture et des Saints Pères qu'elle savait appliquer avec une admirable justesse aux sujets qu'elle voulait traiter. Elle composa un Cours d'instructions complet pour deux Carêmes et pour un Avent, des Exhortations sur chacune des vertus religieuses, et différents sujets de circonstance. Plusieurs fois elle donna à ses Filles les Exercices de la Retraite, et c'est là surtout que se montraient et le zèle qu'elle avait pour leurs progrès spirituels et les lumières que

Dieu lui communiquait pour les diriger dans les voies de la perfection. Tous ses Supérieurs ecclésiastiques ont désiré l'entendre; plusieurs fois ils l'ont fait à son insu, et ils sont demeurés convaincus qu'elle avait reçu de Dieu un don particulier pour traiter les questions religieuses, même les plus relevées, et les mettre à la portée de ses compagnes.

Elle ne se bornait pas à ces instructions communes et générales, qui, précisément parce qu'elles étaient générales, n'auraient peut-être pas atteint celles de ses Sœurs qui en avaient le plus besoin. On s'imagine si aisément que ce que l'on entend s'adresse à d'autres plutôt qu'à soi-même. Il fallait donc en faire une application plus directe et plus personnelle, et elle la faisait dans des entretiens particuliers avec chacune de ses Filles. Ce qui lui était d'autant plus facile qu'elles avaient toutes dans leur Mère la plus entière confiance et venaient déposer dans son sein leurs peines, leurs inquiétudes, leurs embarras. Cette confiance était autorisée par l'idée qu'elles avaient de son impénétrable discrétion; car elles étaient sûres que tout ce qu'elles lui confiaient était comme scellé dans son cœur, et qu'elle n'en parlerait qu'à Dieu dans ses oraisons pour implorer les lumières de son Saint-Esprit. Aussi disait-on communément dans la maison qu'elle était discrète comme un confesseur. Lorsque les questions qu'on lui soumettait lui paraissaient difficiles à résoudre, elle ne se pressait pas de donner sa réponse, mais elle prenait le temps de la réflexion et employait les moyens naturels et surnaturels de connaître la vérité et de savoir à quel parti l'on devait s'arrêter. Cette prudente lenteur donnait une grande autorité à ses décisions et inspirait à ses Sœurs une aveugle confiance dans sa parole ; car elles voyaient bien que leur bonne Mère ne donnait rien à l'humeur, à la précipitation et aux préoccupations du moment, mais que ses réponses étaient réfléchies, motivées et dictées par la raison ou par la foi. Une Novice, tourmentée par des peines intérieures, croyait les faire cesser en se livrant aux austérités corporelles; mais, n'osant rien faire de son propre mouvement, elle vint en demander la permission à sa Supérieure. Celle-ci, qui crut apercevoir dans ce dessein une impétuosité naturelle plutôt qu'une inspiration de la grâce, rejeta sa demande. Comme elle insistait avec importunité, la bonne Mère se contenta de lui répondre qu'elle avait besoin de temps pour réfléchir et consulter Dieu. Quelques jours après, la Novice revenant à la charge, elle lui fit cette sage réponse : « Voulez-vous savoir, ma Fille, le secret de « témoigner à Dieu votre amour et de vous délivrer « de vos peines? Ce n'est point par ces pénitences extérieures que vous l'obtiendrez plus facilement, mais « par les sacrifices journaliers que vous aurez à lui « faire dans l'accomplissement de votre emploi et « l'exacte fidélité à notre sainte Règle. » La Novice suivit le conseil qui lui était donné, et elle eut lieu de s'en féliciter; ses inquiétudes se dissipèrent.

Outre les visites qu'elle faisait aux différentes Maisons de son Ordre, pour encourager ses Filles, les former aux vertus de leur saint état et entretenir en elles l'esprit de l'Institut, elle leur écrivait souvent, et ses lettres, qui portaient toujours l'empreinte de l'Esprit de Dieu, devenaient pour elles des principes de direction et des règles sûres de conduite religieuse. Les Supérieures qu'elle avait établies dans ses Maisons étaient le principal objet de sa sollicitude. Elle leur faisait comprendre l'importance de leur charge et la responsabilité qu'elles avaient devant Dieu. Elle exigeait qu'elles la tinssent au courant de l'état spirituel et temporel de leur Maison, de la conduite de chaque Sœur en particulier, et enfin elle leur suggérait les moyens qu'elle croyait les plus propres à rendre leur gouvernement tout à la fois doux et énergique. Son expérience autorisait les conseils qu'elle leur donnait et qu'elle savait, du reste, appuyer des raisons les plus solides.

Sa prudence et son zèle ne se montraient pas moins envers les enfants qu'envers ses compagnes. On peut dire qu'elle avait à cœur leur instruction et leur bonne conduite comme la mère la plus tendre, la plus religieuse, la plus éclairée. A la fin de chaque semaine, les Maîtresses lui remettaient les notes bonnes ou mauvaises. On réunissait les enfants, et la vénérable Mère les appelait les unes après les autres, adressant publiquement à chacune les louanges ou les reproches selon qu'elle l'avait mérité. Celles qui avaient été réprimandées se mettaient rarement dans le cas d'encourir une autre fois le même blâme dont avait tant à souffrir leur petit amour-propre. Elles se retiraient confuses et n'osaient paraître devant leur Mère, si ce n'est pour lui promettre avec larmes de se corriger de leurs défauts. Celles, au contraire, qui avaient reçu des éloges, l'entouraient avec bonheur, heureuses et fières de l'entendre répéter qu'elle était satisfaite de leur conduite, et qu'elle les aimait comme ses enfants, parce qu'elles en étaient dignes.

C'était surtout à l'approche de la première communion qu'elle redoublait et de soins et de zèle, parce qu'elle savait la portée que peut avoir cette sainte action sur la vie entière d'une jeune personne. Aussi que de pieuses industries n'employait-elle pas pour en donner aux enfants la plus haute idée? que d'instructions touchantes pour y préparer et leur esprit et leur cœur! Elle aurait voulu faire passer dans leur âme l'amour dont elle était embrasée elle-même pour la sainte Eucharistie. Sa pieuse sollicitude ne se bornait pas aux enfants qu'elle avait auprès d'elle dans la Maison de Vannes, elle s'étendait encore à celles qui étaient réunies dans ses autres Maisons, et l'on se rappelle encore avec attendrissement les lettres pleines d'onction et de douce piété qu'elle adressait à ses chères enfants de la Communauté d'Auray, lettres écrites avec le cœur et qui touchaient jusqu'aux larmes les Maîtresses et les élèves, et faisaient sur toutes les impressions les plus fortes et les plus durables.

CHAPITRE XV.

SON AMOUR POUR LA SOLITUDE ET LE SILENCE.

Les âmes intérieures, non-seulement fuient le monde, dont la dissipation contrarierait leur attrait, mais tout ce qui peut les distraire de la pensée de Dieu. Elles sacrifieraient volontiers tout rapport avec les créatures au bonheur de converser un instant avec le Créateur. Les affaires temporelles ne leur inspirent que du dégoût; l'ennui les saisit au milieu des conversations, même avec des personnes pieuses; leur élément est la retraite où elles sont seules avec Dieu seul; et, pour se prêter aux occupations extérieures, il faut qu'elles se fassent violence en se disant à elles-mêmes : Le devoir le commande, la charité l'exige. Telle était la Mère Saint-Louis. Son premier attrait, quand elle pensa à quitter le monde, avait été pour une solitude entière, ou dans un désert où elle n'eût été connue de personne, ou au moins dans un cloître où l'on eût gardé un silence perpétuel. L'obéissance seule l'empêcha de suivre le penchant de son cœur. « L'amour de la pénitence et d'une entière solitude, « dit-elle, se fortifie de plus en plus en moi. J'ai beau « ne pas m'y arrêter, j'y sens un attrait si violent que, « si je ne vivais pas sous l'obéissance, rien ne m'ar- « rêterait. Je fuirais dans une retraite profonde, où, « inconnue du monde entier et connue de Dieu seul, « je terminerais ma carrière dans les larmes de la « componction et les travaux de la pénitence. Ah ! « quand on sait qu'on a offensé Dieu et que l'on con- « naît l'affreuse laideur du péché, que ne voudrait- « on pas faire pour l'expier ! » Ces sentiments n'é- taient pas fugitifs et passagers dans la Mère Saint-Louis ; toujours ils étaient présents à son esprit, et à chaque instant ils s'échappaient de ses lèvres ou coulaient de sa plume. Si sa charge de Supérieure lui paraissait si pesante, c'était parce qu'elle lui imposait l'obligation d'être en rapports journaliers avec toute sorte de personnes et de parler presque toute la journée. La charité et la bienséance l'obligeaient même à paraître avec un visage ouvert et content, lorsque son âme était dans un profond ennui. Voilà la vertu des Saints ; ils ont le secret de mettre à profit pour leur perfection ce qui paraît le plus s'y opposer, et ils recueillent des mérites là où d'autres ne trouveraient que dissipation d'esprit ou affaiblissement de la piété. Néanmoins c'était un état violent, et l'arc bandé avec effort et par nécessité sentait toujours le besoin de se détendre et de réparer ses forces dans le repos. Aussi la vénérable Mère échappait-elle, autant qu'il lui était possible, à toute visite qui lui paraissait sans but et sans utilité. Quelquefois même elle congédiait, avec politesse cependant, et sous quelque prétexte honnête, les visiteurs importuns qui venaient troubler sa solitude et son silence. Elle aurait même voulu n'être pas obligée d'avoir avec ses Sœurs des rapports si fréquents, de veiller sur leur conduite, de les diriger par ses conseils. Toute sainte qu'était cette occupation, son recueillement en souffrait, et nous l'entendons se plaindre d'être enchaînée par l'obéissance à tous ces devoirs, qu'elle remplissait cependant au grand profit spirituel et à l'édification de sa Communauté : « Une chose, dit-elle, sur laquelle j'ai « de la peine à me vaincre, c'est mon attrait pour la « solitude. Je n'y résiste qu'avec de pénibles efforts. « Il m'en coûte toujours d'assister aux exercices pu- « blics de la Maison, de me montrer un peu partout « pour surveiller tout. Je suis obligée de prendre sur « moi pour bien recevoir mes Filles, et quoique, par « la grâce de Dieu, je sois venue à bout de me vain- « cre sur ce point, de leur parler avec patience et « charité, et de ne leur jamais laisser apercevoir « qu'elles m'importunent; cependant il faut, presque « à chaque fois, que je me tourne vers Dieu pour le « prier de me bien tenir. Ce désir de la vie solitaire sem-

« ble augmenter tous les jours, et il me porte à m'en
« tenir strictement, en tout ce qui lui serait contraire,
« à l'accomplissement de ce que je regarde pour moi
« comme un devoir indispensable. Ce n'est pas géné-
« reux, je le sais et je me le reproche; mais ce dé-
« sir est si vif dans mon cœur que je m'y livrerais tout
« entière, si je ne craignais pas de déplaire à Dieu.
« Tant que l'obéissance me tiendra dans la place que
« j'occupe, il faudra bien en faire le sacrifice, renon-
« cer à ma chère solitude, savoir la quitter pour le
« bien et l'édification des autres. O mon Dieu! don-
« nez-m'en le courage; soutenez-moi, car je suis si
« faible, que je n'ose pas prendre de trop généreuses
« résolutions dans la crainte d'y être infidèle. » Voilà ce qu'éprouve une âme appelée à la vie intérieure. Tout ce qui l'en détourne lui devient fastidieux, parce qu'elle ne peut goûter de repos qu'en Dieu seul. Aussi avec quel empressement, dans les intervalles que lui laissent les occupations distrayantes, ne revient-elle pas à son Dieu! C'est ce que réalisait la Mère Saint-Louis. A peine se voyait-elle seule, que son esprit et son cœur se portaient rapidement vers Dieu, comme la flamme s'élève vers le ciel aussitôt qu'on a écarté les obstacles qui la retenaient captive. Ce n'est pas qu'elle n'y pensât pendant les visites qu'elle recevait, mais alors il y avait combat entre l'attrait et le devoir; tandis que dans le silence de la solitude, elle trouvait la paix et jouissait de son Dieu, sans effort et sans contrainte.

Oh ! qu'elle eût désiré que le Seigneur eût donné ce même attrait à toutes ses compagnes ! Elle ne cessait de les y exhorter en particulier, en public, à toute occasion. C'est dans ce même but qu'elle avait manifesté à Mgr de Pancemont son intention bien arrêtée de n'avoir point de parloirs dans ses Maisons. « Je suis convaincue, lui disait-elle, que rien ne nuit « plus à la vie intérieure, et qu'ils produisent presque « toujours le dégoût de la solitude. On dira que cela « est bien sévère. Eh bien ! je répondrai que non ; « et en cela je crois travailler au bonheur même « temporel de toutes celles qui s'engageront à suivre « notre Règle. Je m'appuie sur ma propre expé« rience. » Malgré ses instances réitérées, elle ne put pas obtenir de son directeur la suppression entière des parloirs, et, en effet, il était difficile de les interdire absolument dans une Communauté où des ateliers de toile et de dentelle et l'éducation des enfants pauvres établissaient des rapports indispensables avec les personnes du dehors. Obligée donc de céder sur ce point à l'autorité du vertueux Prélat qui la dirigeait alors, elle se replia sur un autre terrain et lui proposa un moyen terme qui pût sauver du danger de la dissipation au moins une partie de sa Communauté. On sera édifié de voir comment elle explique sa pensée à son directeur, et peut-être regrettera-t-on, en l'écoutant, qu'on n'ait pas donné suite à son pieux projet.

« Me voilà arrivée, dit-elle, à un article qui n'est

« pas, je vous l'avoue, celui auquel j'attache le moins « de prix. Je désire vivement que, dans cet asile, les « âmes vraiment appelées à la vie contemplative et « unitive, puissent suivre leur attrait. Voici donc ce « que je pense : Il est des âmes que Dieu appelle à « une grande perfection, auxquelles il se manifeste « plus familièrement et qui pénètrent plus avant que « les autres dans la connaissance de sa grandeur et « de sa bonté. C'est un besoin pour elles de vivre « avec lui dans une parfaite union. Oh ! qu'elles sont « heureuses ! car il me semble que cet état est une « anticipation du bonheur des Saints dans le ciel. « Après avoir donc bien éprouvé la vérité de leur « vocation, leur refuserions-nous le bonheur de sui- « vre leur attrait ? Ce n'est pas sans doute votre inten- « tion. Je voudrais donc qu'elles pussent se retirer à « l'écart daus cette Maison, et que là, vivant seules « avec Dieu seul, n'ayant de communication qu'avec « le directeur et la Supérieure, elles observassent « un silence continuel et accomplissent cette parole « de saint Paul : *Vous êtes morts et votre vie est cachée* « *avec Jésus-Christ en Dieu* (1). Elles se réuniraient « cependant à la Communauté pour les exercices spi- « rituels ; leur vie serait plus austère que celle des « autres ; elles seraient solitaires. » Nous ne savons quelle fut la réponse du directeur ; mais, soit que

(1) Coloss. 3, 3.

l'on craignît de favoriser l'amour-propre dans les unes, la jalousie dans les autres, soit qu'on ne trouvât pas dans les Religieuses toutes les qualités que requérait la bonne Mère, soit pour quelque autre motif, ce projet ne fut pas mis à exécution. Il nous montre au moins combien la Mère Saint-Louis avait d'estime et d'amour pour la solitude, le silence et tout ce qui peut favoriser la vie intérieure.

CHAPITRE XVI.

SA SOUMISSION A SON DIRECTEUR.

Les directeurs les plus expérimentés ont besoin d'être dirigés eux-mêmes. Ils craignent de se faire illusion, de se laisser surprendre par des lueurs mensongères, de se traiter avec trop de douceur ou trop de sévérité. *Il est de la prudence*, dit Cassien, *de ne pas nous fier à notre prudence*, surtout pour les choses qui nous concernent et dans lesquelles nous ne sommes ni assez éclairés, ni assez équitables, à cause des petites passions intérieures que souvent nous n'apercevons même pas, et qui influent sur nos jugements, ou à cause des inclinations naturelles contre lesquelles nous ne nous tenons pas assez en garde. Aussi les hommes les plus éclairés pour les autres ne sont rassurés dans ce qui les touche qu'autant qu'ils ont l'approbation d'un directeur. D'où nous devons conclure combien sont présomptueuses et imprudentes les âmes qui veulent marcher sans guide, surtout lorsque s'ouvrent devant elles les routes, hélas! peu fréquentées de la sainte montagne de la perfection, où elles sont exposées à prendre des sentiers qui les égarent, ou à faire des chutes profondes et quelquefois irréparables.

La Mère Saint-Louis était trop humble et trop prudente pour s'exposer à ces périls. Nous pouvons renvoyer le lecteur à ce que nous avons dit au chapitre de l'Obéissance ; et d'ailleurs on a pu remarquer, dans tout le cours de cette histoire, l'entière dépendance où elle était de son directeur. Elle ne trouvait de sécurité que là pour sa propre conduite et pour celle de ses Filles. Depuis son entrée en religion, elle fut toujours dirigée par les différents Supérieurs de sa Communauté ; et le regret qu'elle éprouva lorsque la mort vint les lui ravir ou qu'elle fut menacée de les perdre, prouve la confiance qu'elle leur accordait. Aucun cependant n'y eut une plus large part que M. Le Gal. Est-ce parce qu'il la dirigea plus longtemps que les autres, ou parce qu'il secondait mieux son amour pour les humiliations et les croix, ou qu'il était plus expérimenté dans les choses spirituelles? Nous l'ignorons. Peut-être que les voies intérieures par lesquelles Dieu la conduisait et les opérations extraordinaires de la grâce dans son âme, pendant les quinze dernières années de sa vie, lui faisaient mieux comprendre la nécessité de s'abandonner plus entièrement à la direction du guide que Dieu lui avait donné. Quoi qu'il en soit, elle lui obéissait aveuglément, et s'était même soumise à cette obéissance par un vœu spécial. Mais il ne dépendait pas toujours de sa volonté de lui manifester ce qui se passait entre elle et son Dieu. Souvent après ces transports d'amour, ces illustrations vives et soudaines, ces assauts de la grâce qu'elle sentait si fortement et qui la faisaient fondre en larmes, elle oubliait tout, ou bien, ne trouvait aucune parole pour dire ce qu'elle avait éprouvé. Quelquefois, sans pouvoir parler, elle pouvait au moins écrire, c'était même la ressource dont elle usait le plus ordinairement. D'autres fois enfin, elle ne pouvait ni parler, ni écrire. C'était alors pour elle un véritable tourment. Ne suis-je point dans l'illusion? N'ai-je point pris pour des faveurs divines des jeux de mon imagination ou des opérations de l'ange de ténèbres? Telles étaient ses craintes, quand elle n'avait pas pour se rassurer l'avis de son directeur. Un jour qu'elle était dans cette impuissance de parler et d'écrire, elle lut un livre que M. Le Gal lui avait prêté, et trouva tout juste ce qui lui était arrivé les jours précédents, avec les développements qu'il pouvait désirer. Ce fut une bonne fortune pour elle. Aussitôt elle lui renvoie ce livre en lui disant : « Je vous « prie de lire les endroits que j'ai marqués ; vous y « trouverez la peinture fidèle de ce que Dieu a fait « éprouver à mon âme. Non-seulement les sentiments « du cœur sont les mêmes, mais ce sont encore les « paroles dont je me serais servie. Jamais je n'au- « rais eu le courage de vous faire ce tableau de mon « cœur et de ses entretiens avec Dieu. Lisez ces diffé- « rents états d'oraison et dites : Voilà jusqu'où a été « la miséricorde de Dieu envers la plus vile et la plus « ingrate des créatures. » Cela fait, elle fut tranquille.

Il n'était pas toujours nécessaire que son directeur lui parlât, elle était satisfaite dès qu'elle lui avait fait connaître son état. Comme un enfant qui agit en présence de son père n'a pas besoin que celui-ci lui dise qu'il approuve sa conduite ; son silence est une approbation, car l'enfant sait bien que si son père n'était pas satisfait, il ne manquerait pas de le lui dire. Voilà où en était la Mère Saint-Louis avec M. Le Gal. Quoique habile à conduire les autres, elle se défiait d'elle-même quand il s'agissait de sa conduite personnelle; Mère au milieu de ses Filles, elle se faisait petit enfant auprès de son directeur; elle n'avait plus d'autre volonté que la sienne, et jamais Novice ne fut plus docile ni plus souple sous la main de l'obéissance que cette vénérable Fondatrice. Aussi marchait-elle d'un pas sûr dans les voies de la perfection religieuse, surmontant avec énergie les obstacles que lui suscitait le démon pour l'arrêter, et réalisant cette parole du Sage : *L'obéissant parlera de ses victoires* (1).

Pénétrée de ces sentiments d'humilité et de défiance d'elle-même, elle était bien surprise et même scandalisée, quand quelqu'une de ses Sœurs lui témoignait la répugnance qu'elle avait à suivre les avis de son confesseur. Elle ne manquait pas de la déterminer, par les raisons les plus fortes, à se soumettre aveuglément à la direction qui lui était donnée. « Eh quoi ! « ma Fille, dit-elle un jour à une de ses compagnes, « voudriez-vous donc vous conduire vous-même ? Sa- « chez que Satan est tout prêt à vous diriger, si vous « refusez d'obéir à votre directeur. Auriez-vous plus « de confiance en lui que dans le ministre de Jésus- « Christ ? » Ces paroles énergiques ou autres semblables ne manquaient pas ordinairement leur effet, et l'on rentrait dans la route de la docilité et de l'obéissance.

Il nous serait facile d'ajouter d'autres détails à ce chapitre, mais ceux que nous venons de donner suffisent pour prouver le fait que nous voulions établir ; nous nous en tiendrons là.

(1) Prov. 21, 28.

CHAPITRE XVII.

SON ESPRIT DE SIMPLICITÉ.

Il y a une simplicité qui est un défaut, qui dénote un esprit étroit, borné ou facilement crédule. On voit assez, sans que nous ayons besoin de le dire, que ce n'était pas là le caractère de la Mère Saint-Louis. La simplicité dont nous parlons est une vertu dont Jésus-Christ lui-même nous a donné l'exemple, et que quelques Saints ont portée jusqu'au sublime. Elle peut se trouver dans les personnes les plus instruites et de l'éducation la plus soignée. Elle marche sans détour et sans finesse, mais elle marche aussi avec confiance et sagesse, nous dit Salomon; elle n'est donc pas ennemie de la prudence et de l'habileté.

Avec Dieu, une âme simple agit sans préoccupation, sans inquiétude, sans défiance, acceptant tout de sa main divine et tel qu'il le donne. Si quelquefois elle éprouve certains sentiments qui la troublent, ils ne viennent pas de retours minutieux et inquiets sur elle-même, mais uniquement de la lumière de Dieu qui lui fait voir le fond de sa misère pour qu'elle s'humilie et non pour qu'elle se décourage. Encore, dans ces troubles passagers, elle sent dans son cœur un germe d'espérance qui la rassure.

La Mère Saint-Louis n'était pas portée par son attrait à la pratique de cette vertu. Si elle n'avait pas été éclairée par ses directeurs, peut-être serait-elle tombée dans le vice contraire. Il en fut ainsi, quand elle commença à s'adonner à la piété et même dans les premières années de sa vie religieuse, où elle n'allait pas à Dieu avec assez de simplicité, quoiqu'il ne manquât rien du côté de la ferveur. Mais plus tard Dieu lui fit si bien comprendre le besoin qu'elle avait de cette vertu, elle la lui demanda par de si instantes prières, elle s'y appliqua avec tant d'ardeur et de persévérance, qu'elle finit par l'acquérir à un haut degré, et à se considérer entre les mains de Dieu comme un enfant sur les bras de sa mère. Elle était même si bien affermie dans cette simplicité et cet abandon à Dieu, qu'elle crut pouvoir demander à son directeur la permission de s'y engager par un vœu spécial, et elle obtint la liberté de faire cet engagement pour un temps déterminé. Depuis ce moment jusqu'à sa mort, ses progrès dans cette vertu allèrent toujours croissants et firent le bonheur de sa vie. Une seule pensée l'affligeait, c'était d'avoir été si longtemps sous l'empire de la crainte, où elle avait considéré Dieu plutôt comme un maître sévère que comme un père tendre. Mais ces terreurs sont passées, ces vains scrupules sont dissipés. Plus de recherche inquiète sur le passé, plus de préoccupations pour l'avenir, plus de gène et de contrainte dans le présent, mais plutôt la sainte liberté d'un enfant de Dieu. C'était sa paix, sa sécurité, son bonheur, et ce sentiment se manifestait au dehors ; elle eût voulu le faire passer dans les autres. Un jour, dans un épanchement de confiance et d'amitié, elle dit à une de ses Sœurs : « Oh ! que je voudrais trouver un cœur bien « simple, comme je le conduirais à Dieu ! Nous ne « regardons pas assez Dieu, et nous nous regardons « trop nous-mêmes. Voilà un grand obstacle à la per- « fection. »

Considérée sous un autre point de vue, la simplicité avec le prochain a d'autres caractères. Elle se montre dans un visage ouvert, un air aisé, une gaîté douce et familière. Si l'on est supérieur, ce sera une certaine condescendance pour se mettre, dans une récréation, comme au niveau des autres, afin de ne pas les gêner par sa présence et de leur laisser cette liberté d'action qui les mette à leur aise ; par conséquent, effacer tout air de grandeur et d'autorité, et faire oublier en quelque sorte que l'on est supérieur. La Mère Saint-Louis était parvenue, par une vigilance continuelle sur elle-même, à ce degré d'aimable simplicité. Nous avons vu qu'il y avait dans son visage quelque chose de sérieux qui imposait à ceux qui ne la connaissaient pas. Mais, au milieu de ses Sœurs, il n'en était pas ainsi. Sans rien perdre de la gravité et de la modestie religieuse, elle disait volontiers un mot qui égayait la conversation, ou racontait un trait d'histoire qui épanouissait les visages, ou enfin adressait une parole aimable à l'une, un encouragement à l'autre. « Prions avec ferveur, disait-elle, travaillons « avec courage quand Dieu le demande de nous; à « la bonne heure. Mais les récréations ne doivent pas « manquer leur but; il faut qu'elles récréent, le mot « seul le dit. » Peut-être tenait-elle cette maxime de son saint Patron. Saint Louis avait à sa cour des Religieux d'un grand mérite et d'une éminente vertu. Souvent il traitait avec eux des questions de théologie et de conscience. Mais s'il leur arrivait d'entamer ces sujets sérieux dans un moment de récréation, il les interrompait en leur disant : *Remettons ces questions à un autre temps. Notre esprit a besoin de repos aussi bien que notre corps.*

La simplicité de la Mère Saint-Louis avec les enfants était la même qu'avec ses Sœurs, mais elle était bien plus frappante par le contraste de l'âge et des habitudes. Il lui fallait se rappetisser pour se mettre à leur portée; c'est aussi ce qu'elle faisait avec une admirable condescendance, se prêtant à leurs amusements, favorisant leurs jeux, les excitant même par sa présence et par ses paroles. Dans les conversations, elle répondait à leurs questions importunes ou bizarres avec une bonté qui les encourageait à lui en présenter de nouvelles. Si elles venaient lui faire un petit compliment, elle paraissait y prendre beaucoup de plaisir, quoique souvent elle en fût bien fatiguée, et leur adressait alors quelques paroles aimables, empreintes de sa bonté maternelle. Quand on sait les pensées sérieuses qui occupaient habituellement son esprit, la trempe de son caractère, les peines intérieures ou extérieures qu'elle avait à souffrir, et qu'on la voit entrer dans ces petits détails de complaisance, se faire en quelque sorte enfant avec les enfants, on ne peut s'empêcher de convenir que cette admirable simplicité était l'effet d'une vertu bien solide et bien parfaite.

CHAPITRE XVIII.

SON AMOUR POUR JÉSUS-CHRIST DANS L'EUCHARISTIE.

La sainte Eucharistie doit être pour nous ce que la divine Essence est pour les Anges et les Bienheureux dans le ciel. Ce mystère nous offre ce que la foi a de plus sublime, ce que la religion a de plus sacré, ce que la piété a de plus tendre. Aussi tous les Saints en ont fait leurs plus chères délices. A leur exemple, la Mère Saint-Louis était consumée d'amour pour Jésus dans son Sacrement; elle aurait voulu passer sa vie au pied des autels; volontiers elle eût fixé sa tente sur ce Thabor pour y jouir de la présence et de l'amour de son Dieu; mais, hélas! elle était obligée d'en descendre souvent pour les devoirs de sa charge, ou pour les exercices de son zèle et de sa charité. Voilà pourquoi, dès le commencement, elle voulut suppléer, par ses Sœurs, à ce qu'elle ne pouvait par elle-même, en établissant dans sa Communauté l'Adoration perpétuelle du Saint-Sacrement. Ses directeurs ayant jugé que ce pieux projet ne pouvait pas être exécuté sans de graves inconvénients, il lui fallut sacrifier les délices de son cœur au mérite de l'obéissance. Mais quand cette pensée lui venait à l'esprit : Jésus est tout seul; il n'y a personne pour l'adorer, des larmes amères s'échappaient de ses yeux : « Ah! s'écriait-« elle avec douleur, le divin Sauveur est méconnu « par ses créatures; il n'y a personne qui comprenne « son amour. Par tout ce qu'il a fait pour les hommes, « dans les jours de sa vie mortelle, il n'a réussi qu'à « faire des ingrats. Au moment de mourir, pour faire « violence à leur cœur, il institue l'Eucharistie, ce « prodige de son amour, par lequel il habite près de « nous, dans nos maisons, et y est encore méconnu, « oublié, abandonné!... Je renonce à exprimer les « sentiments de peine que j'en éprouve, au moins

« tâcherai-je de réparer mon ingratitude et celle des « autres en tournant habituellement mes pensées « vers ce Dieu délaissé, en lui faisant chaque jour « une amende honorable d'un quart d'heure, ou, « si je ne puis le visiter, je me dédommagerai par « quelques ferventes aspirations de cœur...... Ah ! « que sont devenus ces heureux jours où il m'était « donné de passer des heures entières au pied des « autels, encore elles s'écoulaient trop vite ? Hélas ! « peut-être ne les verrai-je jamais revenir. »

Sans doute elle ne pouvait plus passer de longues heures devant le Saint-Sacrement, comme elle le faisait, lorsqu'étant libre de l'emploi de la journée, elle n'avait à s'occuper que d'elle-même ; mais si ses travaux ou ses infirmités ne lui permettaient pas de satisfaire sa dévotion autant qu'elle l'eût désiré, c'était le même amour, la même ferveur, la même tendresse de piété. Nous en prenons à témoin ses propres paroles : « La pensée de Jésus ne me quitte plus. Elle « enflamme mon cœur d'un feu toujours plus vif, et « il me semble que j'en suis toute consumée. Je « crois avoir retrouvé le souverain bien que j'avais « perdu. Après tant d'ingratitude de ma part, quelle « clémence dans Jésus de me recevoir encore ! Que « dis-je ? C'est lui qui revient, qui me recherche, qui « me poursuit. Jamais je ne pourrai reconnaître un « si grand bienfait. Puissé-je au moins le faire recon- « naître et aimer de toutes mes Filles ! »

Est-ce là le langage d'une âme en qui la piété s'est attiédie? Pourrions-nous la croire sur sa parole, quand elle nous dit que les jours de sa ferveur sont passés? Continuons à soulever le voile de son humilité, et convainquons-la par elle-même qu'elle ne sait pas, ou plutôt qu'elle ne veut pas rendre justice à ses vrais sentiments. Il faut la surprendre dans les moments où la nécessité de la direction l'oblige à ne rien déguiser. « Voici le langage de mon cœur, quand je suis « dans la présence de mon Dieu. D'abord, tout ce « que les saintes Ecritures fournissent de plus tendre, « de plus ardent, se retrace à mon esprit; et j'ose « me servir de ces expressions, toute indigne que j'en « suis. Entraînée par le mouvement de mon cœur, je « parle à Jésus tantôt comme une créature à son Créa- « teur, tantôt comme une criminelle à son juge, de « qui cependant elle attend miséricorde, enfin comme « une amie à son ami, comme une épouse à son « époux, et cela, d'une manière si tendre, si fami- « lière, si affectueuse, que, quand je reviens à moi- « même, je ne puis y penser sans être couverte de « confusion. » Voilà son âme à découvert, nous en pénétrons les secrets, et, si nous n'avions pas appris déjà dans le cours de cette Histoire sa tendre dévotion au Sacrement eucharistique, il suffirait de ce que nous venons d'entendre pour nous en convaincre. Oui, elle était arrivée à cette douce et respectueuse familiarité que Jésus ne permet qu'à ses intimes amis, et que l'auteur de l'*Imitation* exprime si bien en ces termes : *Dieu visite souvent une âme intérieure, il lui fait entendre de douces paroles, il répand en elle ses divines consolations, l'établit dans la paix et lui parle avec une familiarité surprenante.*

Pour entretenir cette étroite union entre elle et son céleste Epoux, ses communions étaient quotidiennes. Elle eût bien désiré que cette pratique eût été générale dans sa Communauté. Elle s'en ouvrit à Mgr de Pancemont, qui ne crut pas devoir l'établir comme un point de Règle, mais qui laissa à la Supérieure la liberté de l'accorder tous les jours à celles de ses Sœurs qu'elle en croirait dignes. Ce que nous pouvons dire avec assurance, c'est que l'esprit de dévotion envers Jésus dans l'Eucharistie a toujours persévéré dans cette pieuse Communauté, et que les Filles de la Mère Saint-Louis se font un honneur et un devoir de marcher, autant qu'elles le peuvent, sur les traces de leur Mère.

CHAPITRE XIX.

SA DÉVOTION AU SACRÉ-COEUR DE JÉSUS.

Quoiqu'il y ait de grands rapports entre cette dévotion et celle dont nous venons de parler, elles sont néanmoins très-distinctes, d'abord dans leur objet, puisque l'une n'a en vue que le cœur de Jésus, l'autre le corps tout entier du Sauveur dans la sainte Eucharistie; en second lieu, dans les motifs; car le motif d'honorer le cœur de Jésus, c'est l'amour dont il est embrasé pour nous, tandis que le motif d'honorer le corps entier de Jésus-Christ, c'est la dignité infinie de sa chair adorable à cause de son union avec le Verbe Divin. Enfin il y a une différence dans la fin qu'on se propose ; la dévotion au Sacré-Cœur a pour fin de réparer les outrages faits à Jésus-Christ dans le Sacrement de son amour, et la dévotion au Saint-Sacrement est instituée pour rendre au Sauveur les adorations, la reconnaissance et l'amour qui lui sont dus à si juste titre dans cet ineffable mystère. Malgré la ressemblance de ces deux dévotions, il y a donc entre elles une différence bien marquée (1).

Celle de la Mère Saint-Louis au Sacré-Cœur de Jésus ne datait pas du jour où elle se consacra à Dieu par les vœux de religion. Dès le temps qu'elle vivait dans le monde, elle s'était sentie comme entraînée vers ce divin Cœur. Cependant cette dévotion n'avait pas encore pris dans l'Eglise le développement qu'elle a aujourd'hui. Quoique approuvée par le Saint-Siége, accueillie avec empressement par un grand nombre d'Evêques, pratiquée avec bonheur par de pieux fidèles de tout rang et de tout sexe, elle souffrait encore bien des contradictions; mais un instinct religieux avait fait découvrir à cette âme fervente les trésors de grâces dont le cœur de Jésus est la source, les consolations qu'elle y puiserait et les moyens d'avancer de plus en plus dans la perfection. D'ailleurs elle avait lu les livres qu'on avait imprimés sur ce sujet, et elle y avait vu que cette dévotion avait pour but la réparation des outrages faits à Jésus-Christ dans son Sacrement. Ah! c'en était assez pour la lui faire goûter; elle était trop en harmonie avec les sentiments de dévouement et d'expiation qui travaillaient son âme, pour qu'elle ne s'y portât pas avec ardeur. Aussi, chaque jour, payait-elle un tribut

(1) Voyez *Excellence de la dévotion au Sacré-Cœur de Jésus*, par Galifet, t. 1, l. 1, ch. 5.

d'hommage au Cœur de Jésus. C'est pour cela qu'elle avait choisi une place, à l'église de Saint-Sulpice, dans la chapelle du Sacré-Cœur. C'était son lieu de prédilection ; là elle faisait tous ses exercices de piété ; là son cœur était à l'aise et s'épanchait sans contrainte par de douces larmes et de ferventes prières, et nous avons quelques raisons de croire que ce fut là encore que Dieu lui inspira la pensée de fonder une maison destinée à expier les crimes dont la France s'était rendue coupable.

Plus tard, lorsqu'elle fut séparée du monde et devenue l'épouse de Jésus-Christ par le lien religieux, sa dévotion s'accrut encore et devint si tendre, que sa prière était presque toujours accompagnée de larmes ; son cœur se fondait en quelque sorte dans le Cœur de Jésus, et ne faisait plus qu'un avec lui. Alors s'établissait entre elle et son Dieu cette alliance intime qui rend les biens communs entre personnes qui s'aiment. Nous n'oserions pas faire cette réflexion, si elle ne nous y autorisait : « Il me semble, écrit-« elle, que dans cet état d'union, mon bien-aimé « m'ouvre son sacré cœur et met à ma disposition « toutes ses grâces, en me disant de lui demander « celles que je désire le plus. Je n'ai jamais été pous-« sée à former d'autre vœu que celui d'être attachée « à sa croix jusqu'à la mort. » Elle obtint ce qu'elle désirait, comme nous avons vu. Du reste, elle assurait qu'elle pouvait tout sur le Cœur de Jésus. « Il « ne peut rien me refuser, et ses biens sont à moi, « si je veux. Je vais lui faire violence pour obtenir de « lui de l'aimer encore davantage. » Voilà l'usage qu'elle faisait de cette autorité que Jésus lui donnait sur son Cœur : c'était ou pour demander de nouvelles croix, ou pour obtenir un plus ardent amour. Mais nous ne pouvons en dire davantage sur ce sujet, car tout se passait entre elle et son Dieu dans le secret du mystère. A peine en parlait-elle à son directeur, et elle lui en donne cette raison qu'il comprenait bien : « C'est un sujet sur lequel je ne puis ni par- « ler, ni écrire ; je sens trop vivement. » Nous pouvons donc supposer que ce qu'elle nous a révélé est peu de chose en comparaison des faveurs célestes dont elle était comblée.

CHAPITRE XX.

SA DÉVOTION A LA PASSION DE JÉSUS-CHRIST.

Discrète et réservée quand il s'agissait des tendresses du divin Epoux, elle ne tarissait pas en parlant de ses rigueurs, qu'elle appelle de *délicieuses cruautés ;* délicieuses en effet, puisqu'il plaisait à Dieu d'y répandre d'ineffables douceurs ; délicieuses encore, parce qu'en même temps il lui en inspirait l'amour et lui donnait l'intelligence du mystère de la Croix, ainsi que des fruits précieux de cet arbre divin. Vouée à Dieu comme une victime d'expiation, et sachant qu'elle était l'épouse du crucifié, elle se réjouissait quand elle avait avec lui quelques traits de ressemblance. Si nous voulions recueillir tous ses sentiments à ce sujet, il faudrait copier toutes ses lettres ; car il y en a bien peu où elle n'en parle pas, et souvent elle le fait avec l'accent passionné d'une véritable amante de la croix. Elle y revient sans cesse et tout devient pour elle une occasion d'en parler. Si elle demande à Dieu une faveur, c'est la grâce de souffrir pour son amour ;

si elle reçoit une inspiration du Ciel, c'est de faire pénitence pour ses péchés et ceux des autres ; si elle écrit à son directeur, elle lui demande des mortifications, exagérant, pour les obtenir, ses forces et sa santé; enfin, s'il lui survient quelque contradiction, elle s'en réjouit comme d'une occasion de mérite. Dans ses prières, ses lectures, ses méditations, partout, la pensée des souffrances de Jésus-Christ la poursuit, et elle se sent appelée à marcher sur ses traces. Le chapitre de l'*Imitation de Jésus-Christ* qu'elle a lu le plus souvent, est celui qui traite *de la voie royale de la croix.* Aussi, à cet endroit du livre, les pages sont tellement maculées et usées par le frottement, qu'on peut à peine distinguer les lettres et les syllabes. C'est dans ce livre, comme nous l'avons dit, qu'elle puisait des forces dans les jours de sa dure captivité, et nous pouvons même ajouter pendant tout le cours de sa vie. Ses peines lui paraissaient bien légères, quand elle les comparait aux souffrances du Sauveur et ses désolations n'étaient rien auprès du délaissement qu'éprouva Jésus sur le Calvaire. Craignait-elle de voir son courage faiblir, elle prenait en main son crucifix et se sentait fortifiée. Nous ne parlons ici que d'après son propre témoignage : « Dans mes plus grandes afflictions, disait-elle, je « me hâte de recourir à Jésus crucifié ; je les dépose « à ses pieds divins et puis je n'y pense plus. » Sans doute elle acceptait avec reconnaissance les consolations qu'il plaisait à Dieu de lui donner, mais elle entrevoyait que c'était un présage de quelque sacrifice pénible à la nature et comme l'annonce d'un combat. L'huile dont sont oints les membres de l'athlète lui fait comprendre qu'il doit se préparer à la lutte. Quelquefois même Dieu ne le lui laissait pas ignorer ; alors elle acceptait tout avec résignation et avec joie. Une de ses Sœurs Oblates lui ayant dit un jour que dans les contrariétés qu'elle éprouvait, elle était portée à l'impatience et aux répliques amères, elle lui répondit : « Mon enfant, quand un voyageur voit un « orage prêt à fondre sur lui, il se cache sous quel- « que abri ou dans le creux d'un rocher. Faites de « même quand vous voyez une peine qui survient et « que l'émotion commence à se faire sentir en vous, « retirez-vous dans les plaies de Notre-Seigneur, et « tenez-vous-y jusqu'à ce que l'orage soit passé. » Elle ne faisait sans doute ici que traduire en conseil sa propre conduite.

Pour entretenir cet esprit dans sa Congrégation, elle voulut que tous les vendredis, à trois heures du soir, la Communauté se réunît à la chapelle, pour y entendre la lecture de la Passion de Jésus-Christ selon saint Jean, ou toute autre lecture sur les souffrances du Sauveur, et qu'à la fin de cet exercice on fît quelques minutes de réflexion. C'est en effet ce qui se pratique encore avec fidélité dans toutes les Maisons de l'Ordre. Un jour d'hiver, après cet exercice, in-

terrogeant une de ses Filles sur ses dispositions, celle-ci lui avoua avec ingénuité que, pendant toute la lecture, elle avait tellement été incommodée par le froid, qu'elle avait beaucoup plus pensé à sa douleur qu'aux souffrances de Jésus-Christ. Cette réponse contrista la bonne Mère : « Oh ! mon enfant, lui dit-
« elle, vous ne savez donc pas combien Jésus-Christ
« a souffert pour vous? Eh! que sont vos douleurs en
« comparaison des siennes? Une autre fois oubliez-
« vous vous-même, et ne pensez à vos souffrances
« que pour les lui offrir. »

CHAPITRE XXI.

SA DÉVOTION AU SAINT NOM DE JÉSUS.

Nous ne dirons pas quelle est la douceur et la puissance du Nom de Jésus; nous ne commenterons pas cette parole de saint Bernard que tout le monde connaît : *Jésus est un miel à ma bouche, une mélodie à mon oreille, et un cri de joie pour mon cœur.* Pour nous renfermer dans notre sujet, nous dirons seulement la dévotion de la Mère Saint-Louis pour cet aimable Nom qu'elle apprit à bégayer, dès l'âge le plus tendre, avec bénédiction et avec amour, sur les genoux de sa bonne aïeule, Mme Berrier ; encore nous dispensera-t-elle de parler nous-même. Laissons-la expliquer à son directeur les sentiments que ce Nom a réveillés dans son âme : « Il y a plus de six mois « qu'étant en oraison dans notre chapelle, je deman- « dais une grâce à Dieu avec beaucoup d'instance. « J'éprouvai subitement une forte impression comme « d'une voix intérieure, qui me disait que je l'ob- « tiendrais par l'invocation du saint Nom de Jésus ; « et en même temps je fus remplie d'un sentiment « très-vif de foi et d'espérance dans la puissance de ce « Nom adorable. Fidèle à ce mouvement que je re- « gardais comme venant de Dieu, je suivis l'inspira- « tion qui m'était donnée, et je fus aussitôt exaucée. « Depuis lors, je n'ai pas manqué un seul jour de « l'invoquer et de lui témoigner ma reconnaissance. » — « Vous savez l'état d'infirmité corporelle et de « peines intérieures où je me trouve. Souvent j'ai eu « la pensée de recourir au Nom de Jésus pour obte- « nir d'en être délivrée, ou au moins d'en tirer quel- « que profit pour mon âme. Je ne l'ai jamais fait, « parce que c'est une grâce personnelle et que je n'ai « point ressenti pour cela cette impression vive de foi « et d'espérance que j'avais éprouvée dans ma pre- « mière demande. Voilà huit jours que cette pensée « me poursuit. Je me suis sentie attirée à faire quel-

« que chose que je ne voyais pas bien clairement. J'ai « eu recours à la prière, et j'ai conjuré Dieu de me « faire connaître sa volonté. Il est possible que je me « trompe, mais il me semble qu'il a eu pitié de moi « et qu'il m'a montré clairement ce que je n'avais « fait qu'entrevoir ; le voici : Il m'inspire de faire « une neuvaine au saint Nom de Jésus et de la ter- « miner par un acte dans lequel je m'abandonnerais « à la toute-puissante vertu de ce Nom, promettant « de recourir à son invocation dans toutes mes pei- « nes, mes tentations, mes épreuves. Peut-être me « fais-je illusion, mais je sens qu'il s'opère en moi « un grand changement. Ma foi si lente se raffermit « et devient vive, mon espérance si affaiblie est plus « ferme, enfin il me semble que Dieu rallume en moi « les ardeurs de la charité qui paraissaient éteintes. « Out, depuis le moment où j'ai eu cette inspiration, « au seul Nom de Jésus mes doutes disparaissent, « mes craintes s'évanouissent, la paix renaît dans « mon âme. J'ai la confiance qu'il sera pour moi « comme un rocher contre lequel viendront se briser « tous les flots de mes tentations.

« Ce n'est pas tout encore. Dieu me demande d'é- « tablir ici une pratique de dévotion au saint Nom de « Jésus, et qu'il y ait un jour dans l'année où l'on « ferait une communion générale à la Messe, dans la « journée une heure d'oraison particulière sur ce « sujet, et l'on terminerait par les litanies en l'hon-

« neur de ce Nom sacré — Enfin il m'est ordonné de « travailler de toutes mes forces à inspirer cette dévo- « tion à mes compagnes, afin que le Nom de Jésus « soit honoré et aimé de toutes celles qui composent « cette petite Congrégation. »

Nous avons vu, au Chap. XXIV de la Ire Partie de cette Histoire, que cette dévotion fut établie en 1823, et qu'elle se pratique fidèlement dans toutes les Maisons de l'Institut.

Ces sentiments de confiance dans le Nom de Jésus ne s'altérèrent jamais dans son cœur. Nous la voyons, dans les dernières années de sa vie, s'en servir comme d'une arme invincible contre les tentations de découragement et contre les terreurs de la mort : « Quand « le démon veut me troubler par le souvenir de mes « fautes passées ou par la crainte de la mort, je me « jette, avec une humble confiance, dans les bras de « Jésus. Ma dévotion envers son Nom adorable aug- « mente tous les jours. C'est ma consolation et ma « force. Je trouve une douceur que je ne puis expri- « mer en le prononçant. Il me semble que c'est un « baume qui se répand sur mes peines et mes dou- « leurs. »

CHAPITRE XXII.

SA DÉVOTION A LA SAINTE-VIERGE.

Jésus est l'auteur de la grâce, Marie en est la dispensatrice ; Jésus en est la source féconde, inépuisable, Marie est le canal par où ses eaux salutaires découlent dans nos âmes. La Mère Saint-Louis en avait fait une heureuse expérience. Que de faveurs n'avait-elle pas reçues par l'entremise de la Sainte-Vierge ! C'est à elle qu'elle attribue la réussite de ses projets dans la fondation de son Ordre. Aussi a-t-elle voulu qu'elle y fût honorée d'un culte spécial, et que, tous les ans, le 2 février, fête de la Purification de Marie, on se consacrât à elle solennellement. Elle composa même l'acte de consécration que l'on devait prononcer, et, afin qu'on n'oubliât pas ce devoir de piété filiale, elle fit écrire cet acte en tête de ses Constitutions, où nous le lisons encore aujourd'hui. Outre cela, tous les jours, après l'exercice du soir, on doit réciter en commun le *Salve, Regina*, en l'honneur de la Vierge Immaculée. Enfin elle recommande à toutes ses Filles de la regarder comme leur Patronne et leur Modèle, d'implorer souvent sa protection pour les enfants qu'elles instruisent, et de leur inspirer son amour. Sans doute qu'en cela elle donnait l'exemple à ses compagnes, et qu'elle ne parlait avec tant d'ardeur de cette dévotion que parce que son cœur en était plein. Il n'était pas difficile de l'apercevoir dans toute sa conduite, mais nous ne pourrions entrer dans tous les détails par lesquels se manifestait sa tendre piété. Nous ferons seulement observer que cette dévotion envers Marie, comme toutes les autres, se conformait à son attrait pour la croix et la souffrance. C'était presque toujours sous ce point de vue qu'elle la considérait. Par exemple, voulait-elle l'honorer comme Mère? c'était la Mère de Jésus crucifié; comme reine? c'était la Reine des Martyrs; comme femme? c'était celle à qui un saint vieillard annonce qu'un glaive de douleur transpercera son âme, celle qui recueille un douloureux héritage sur le Calvaire en entendant ces paroles: *Femme, voilà votre Fils;* celle enfin dont la douleur est vaste comme l'Océan. C'est dans ce même esprit qu'elle demande à son directeur la permission de faire chaque jour une pratique de dévotion envers Notre-Dame des Sept-Douleurs, pour obtenir de vivre et de mourir comme elle au pied de la croix. Elle lui demande encore de réciter tous les soirs le *Stabat* avec l'oraison de la Compassion et de faire tous les vendredis un quart-d'heure de méditation avec Marie sur le Calvaire.

Si quelquefois elle veut considérer la Sainte-Vierge dans les joies ineffables du Paradis et au sein de la gloire, une voix lui dit que la joie est le prix des souffrances et la gloire la récompense des humiliations. « Le jour de l'Assomption, dit-elle, étant seule « à prier, le soir, dans ma chambre, je me suis « sentie excitée à demander à Marie une grâce dont « je sens vivement le besoin, celle de rompre les « chaînes intérieures qui me retiennent et les liens « humains qui s'opposent au règne absolu et unique « de l'amour de Dieu en moi, et de voir enfin mon « cœur blessé du même trait douloureux dont le sien « fut transpercé, et qui l'attacha à la même croix que « Jésus-Christ. De quels sentiments cette prière fut « accompagnée, Jésus et Marie seuls le savent et le « pourraient dire. Toutes les fois que, levant les « yeux au ciel, je voulais contempler Marie dans la « gloire, il me semblait l'entendre me dire qu'elle ne « devait son triomphe qu'à son détachement entier « de tout ce qui n'était pas Dieu, et que c'était par la « pratique de cette vertu que je devais l'imiter ; enfin « qu'elle me promettait sa protection à la condition « que je serais une fidèle amante de la croix de son « Fils. En me parlant ainsi, cette auguste Vierge « allumait dans mon cœur un feu brûlant qui me « faisait pousser vers le ciel des soupirs et des gémis-

« sements que je ne puis exprimer. C'était comme « des traits enflammés vers les sacrés Cœurs de Jésus « et de Marie, pour mériter le bonheur au-dessus de « tous les bonheurs de vivre et de mourir sur la croix « avec Jésus-Christ. » On voit, par ses propres paroles, que sa dévotion à la Sainte-Vierge prenait la teinte, si nous pouvons parler ainsi, de cet esprit de sacrifice qui l'animait, et que, même dans ses plus douces jouissances, elle ne perdait jamais de vue que l'Epoux qu'elle avait choisi était, selon le langage de l'Ecriture, *un époux de sang* (1).

Après le mystère des douleurs de Marie, il n'en est pas qu'elle ait plus honoré que le mystère de sa Conception Immaculée. Elle en parlá un jour avec effusion de cœur à sa Communauté réunie. Elle avoua, en commençant, que l'Eglise n'avait pas défini que la Conception de la Sainte-Vierge ait été immaculée, et n'avait pas voulu condamner comme hérétique le sentiment contraire. Ensuite elle établit ces trois propositions : 1° Le sentiment le plus commun dans l'Eglise est que Dieu a accordé ce privilége à Marie. 2° Cette faveur exclusive convenait à sa dignité de Mère de Dieu. 3° La gloire même de Jésus-Christ exigeait qu'elle fût honorée de cette prérogative. Elle appuya ses trois propositions sur les paroles du saint Concile de Trente, les bulles des Souverains Pon-

(1) Exod. 4, 25.

tifes, le sentiment des théologiens les plus accrédités et les preuves de raison et de convenance. Enfin elle termina son instruction sur cette matière par une prière touchante qu'on trouvera à la fin de cette histoire (1).

CHAPITRE XXIII.

SA RECONNAISSANCE ENVERS DIEU POUR LE BIENFAIT DE SA VOCATION.

Longtemps avant qu'elle se consacrât à Dieu par les Vœux de religion, la Mère Saint-Louis regardait l'état religieux comme un lieu de repos pour son âme fatiguée, comme le seul moyen d'acquérir cette paix et ce bonheur après lesquels elle soupirait. Aussi jamais femme mondaine ne désira plus ardem-

(1) Nous avons lu ce discours qui nous a paru tout à la fois clair et solide. La Mère Saint-Louis l'avait travaillé avec soin, et dut faire pour cela bien des recherches ; car, outre les textes de la Sainte-Ecriture et des Théologiens, elle cite les Bulles des Souverains Pontifes avec leurs dates. Sixte IV, en 1483 ; Pie V, en 1570 ; Paul V, en 1616 ; Grégoire XV, en 1622 ; et Alexandre VII, en 1661.

ment les plaisirs dissipants et les folles joies du siècle que notre pieuse veuve ne soupirait après la vie de retraite, d'oraison et d'union à Dieu. Voici comment elle exhalait ses plaintes, ses soupirs et ses espérances : « Je suis malheureuse sur cette terre, « mon cœur est comme noyé dans un océan d'amer- « tume. D'où vient cela ? Je le sens, ô mon Dieu ! « vous m'en avez convaincue. C'est que je ne suis pas « là où vous m'appelez. Je ne pourrai jouir de la « véritable paix que lorsqu'il me sera permis de tout « quitter pour me livrer, dans la solitude, à la con- « naissance du divin Jésus votre Fils, à l'étude de « votre sainte loi, au recueillement et à la prière. « Mon cœur, ah ! mon Dieu, vous le savez, il est bien « tout à vous, mais il se trouve souvent ému, atten- « dri, troublé par l'affection que je porte à ceux qui « me sont unis par les liens du sang, de l'amitié ou « de la reconnaissance. C'est pourquoi je soupire « après le moment où ces liens seront rompus, et où « il me sera donné de marcher d'un pas assuré et « tranquille vers vous qui êtes la source de tout bien. « Vous le voulez, j'en suis certaine ; mais quand « viendra cet heureux instant ? Oh ! que vous me « faites attendre, jour mille fois désiré ! »

Appréciant si bien le bonheur de la vie religieuse avant de l'avoir goûté, que sera-ce quand elle l'aura expérimenté par elle-même ? Pourra-t-elle ne pas ouvrir son cœur à la reconnaissance, lorsque Dieu, après avoir aplani les obstacles devant elle, l'aura introduite dans son sanctuaire? « La vocation religieuse, « disait-elle à ses Sœurs, étant une des faveurs les plus « signalées qu'une âme puisse recevoir du ciel, Dieu « a droit d'attendre d'elle une reconnaissance pro- « portionnée à la grandeur du bienfait. » Elle était donc loin de compter pour quelque chose le sacrifice qu'elle avait fait à Dieu d'une brillante fortune, d'un rang distingué dans le monde, des honneurs et des plaisirs qu'elle pouvait s'y promettre. Le bonheur de sa vocation lui faisait oublier les peines au prix desquelles elle l'avait acheté, et lui faisait dire souvent qu'elle n'avait rien donné à Dieu et qu'elle avait tout reçu de lui. Dans une récréation ses Sœurs lui dirent un jour: « O ma Mère! quelle belle couronne vous « aurez dans le ciel! Nous autres, nous n'avons rien « sacrifié en entrant en religion, mais vous, vous « avez renoncé à tout. L'avenir le plus heureux vous « attendait dans le monde: vous pouviez jouir de « l'estime et de la considération, des richesses et des « avantages qu'elles procurent, et vous avez tout « donné à Jésus-Christ. » — « C'est pour cela, leur « dit-elle, que je suis plus obligée que vous à la re- « connaissance. La fortune et les honneurs sont des « piéges tendus à notre vertu; quand on y échappe, « comme j'ai eu le bonheur de le faire, on ne saurait « trop remercier la divine Bonté d'avoir brisé ces « liens qui nous retenaient captifs. »

Aussi offrait-elle à Dieu de continuelles actions de grâces de ce qu'il l'avait tirée du monde et conduite à la religion. Elle appelait son départ de Paris *sa sortie d'Egypte*, se regardant comme échappée à bien des ennemis, et se félicitant de ce que Dieu avait mis entre eux et elle comme une mer infranchissable. On lit dans la Vie de sainte Marie-Madelaine de Pazzi qu'elle baisait affectueusement les murs de son Monastère et les remerciait de s'interposer entre elle et le monde comme une barrière qui protégeait sa solitude et ne permettait pas aux hommes d'en troubler la paix. La Mère Saint-Louis était animée des mêmes sentiments, et, si elle ne les manifestait pas de la même manière, ses écrits témoignent, en plus d'un endroit, et de la joie qu'elle avait d'être séparée du monde et de son amour pour sa chère solitude : « Quand je pense à mon bonheur, aux douceurs « que j'éprouve dans ma retraite, au calme intérieur « qu'elle me fait goûter, je ne cesse de m'écrier : « *Que vos tabernacles sont aimables, ô mon Dieu !* « *qu'il est doux d'habiter dans votre maison ! un seul* « *jour passé auprès de vous vaut mieux que mille pas-* « *sés auprès des enfants des hommes. Je chanterai* « *éternellement la miséricorde dont vous avez usé* « *envers moi en m'appelant à vivre dans votre sanc-* « *tuaire.* »

Profondément pénétrée de ces sentiments, elle ne pouvait comprendre qu'il y eût des Religieuses mécontentes de leur état, et qui semblaient regretter de s'être séparées du monde et d'avoir engagé à Dieu leur liberté. De là ce serrement de cœur qu'elle éprouvait, lorsqu'elle voyait quelques-unes de ses Filles chanceler dans leur vocation et se dégoûter de la vie religieuse. Elle n'omettait rien alors pour les soutenir dans la tentation et les arrêter sur la pente du précipice. Allocutions publiques, entretiens secrets, prévenances d'amitié, condescendance, rien n'était négligé. Elle s'efforçait de leur faire comprendre combien serait criminelle devant Dieu cette infidélité à la grâce, combien seraient amers les remords qui ne manqueraient pas de déchirer leur conscience, et enfin combien grands les dangers qu'elles rencontreraient dans le monde. Ses efforts furent souvent couronnés du succès, et celles qui en avaient été l'objet venaient ensuite la remercier d'avoir soutenu leur foi et prévenu leur défection. Oh! qu'elle était heureuse de les voir affermies dans leurs résolutions, attachées plus que jamais à leurs saints engagements et résolues d'y être fidèles jusqu'à la mort!

Pour elle, depuis sa *sortie d'Egypte*, elle n'eut jamais le désir d'y retourner. Si, comme nous l'avons vu (Ire Partie, Chap. XXIII), elle fut tentée de tout abandonner après la mort de Mgr de Pancemont, ce n'était point par dégoût de sa profession, ni par amour pour le monde; mais c'est que, se voyant seule pour organiser et soutenir une Congrégation naissante, elle ne se croyait pas capable de porter un si pesant fardeau. Ce ne fut, après tout, qu'une tentation passagère qui ne laissa aucune trace dans son âme. La vie religieuse, qui avait été si longtemps l'objet de ses vœux les plus ardents, fit toujours, lorsqu'elle y fut une fois établie, sa joie et ses délices. Partout ailleurs, elle ne voyait que des piéges, là seulement elle était à l'abri; abandonner sa vocation, c'était, à ses yeux, mettre son salut en péril; y persévérer, c'était s'assurer le ciel; infidèle, elle encourait les châtiments de Dieu; fidèle, elle attirait sur elle ses bénédictions, comme dit saint Paul (1): *Voyez la bonté et la sévérité de Dieu. Sa sévérité pour ceux qui tombent, sa bonté pour ceux qui persévèrent,* et par là se rendent dignes de ses faveurs.

(1) Rom. 11, 22.

CHAPITRE XXIV.

CONCLUSION.

Nous voilà arrivé au terme de la tâche que nous avions entreprise ; elle a été bien douce pour nous, nous devons l'avouer, et l'édification que nous y avons recueillie a compensé abondamment la peine que nous avons prise de rechercher et de coordonner des faits épars dans un grand nombre de feuilles volantes et d'une écriture difficile. Nous avons eu souvent occasion de bénir Dieu des grâces singulières qu'il avait répandues dans le cœur de sa fidèle servante. En respirant le parfum des vertus que nous avions à raconter, nous ne pouvions nous défendre de nous sentir porté à les aimer et à les pratiquer nous-même, et nous ne doutons pas que le lecteur, en parcourant ces pages, ne soit pénétré des mêmes sentiments.

Celle dont nous avons essayé de retracer l'histoire ne se recommande pas à l'attention publique par des œuvres extraordinaires ou des actions d'éclat, mais par une vertu toujours constante, une piété tendre et affectueuse, un esprit de pénitence qui se révélait en tout, et un dévouement sans bornes à la gloire de Dieu et au salut des âmes. Prévenue de la grâce divine dès son enfance, elle donnait dès lors des signes non équivoques de la perfection à laquelle elle parviendrait un jour; comme un ruisseau faible à sa source, mais dont les eaux vives et impétueuses font déjà pressentir ce qu'il sera à la fin de son cours; et, en effet, les progrès de la Mère Saint-Louis dans la vertu furent toujours croissants jusqu'à la fin de sa vie. Dieu a permis qu'elle ait passé par les différents états de virginité, de mariage, de viduité et de religion, afin que par là elle servît de modèle à un plus grand nombre. Les vierges pourront donc apprendre d'elle la modestie et la piété qui font l'ornement de leur sexe; elle montrera à celles qui sont engagées dans le mariage, qu'on peut allier ensemble les embarras domestiques et les devoirs religieux, l'amour de la famille et l'amour de Dieu et du prochain; les veuves, à son exemple, se sentiront portées à fuir les sociétés dissipantes et à vivre dans la retraite et la pratique des bonnes œuvres; enfin les âmes consacrées à Dieu dans le cloître verront en elle un miroir qui réfléchit les vertus de leur sainte profession.

Mais ce sont particulièrement celles pour lesquelles nous avons écrit, et dont elle fut la Fondatrice et la Mère, qui aimeront à connaître la route de perfection qu'elle leur a tracée. Elles la suivront dans ces sentiers difficiles; elles s'aideront du souvenir de son courage et de ses progrès ; partout où elles verront la trace des pas de leur Mère, elles y mettront le pied On est porté à imiter ceux que l'on aime ; or, nous savons quelle vive affection elles ont conservée pour leur Fondatrice. Son souvenir est encore vivant dans leur cœur ; mais elles s'appliqueront à la faire revivre elle-même dans leur conduite en pratiquant ses vertus, et si l'on dit : Heureuses Filles d'avoir eu une telle Mère ! on ajoutera : Heureuse Mère d'avoir eu des Filles si bien remplies de son esprit et si pénétrées de la sainteté de leurs devoirs !

FIN DE LA DEUXIÈME PARTIE.

PRIÈRES

COMPOSÉES

PAR Mme MOLÉ, EN RELIGION MÈRE ST-LOUIS.

Sur la présence de Dieu.

Donnez-moi, Seigneur, un esprit recueilli, un cœur fidèle et plein d'amour. Que le souvenir respectueux de votre présence m'accompagne toujours ; qu'il anime toutes mes actions ; qu'il m'encourage et me console dans les peines inévitables de cette vie. Faites, ô mon Dieu! que je ne vive plus d'une vie toute terrestre et toute humaine, mais d'une vie intérieure, surnaturelle et céleste, qui convertira mon exil en un paradis anticipé, puisque je vivrai de votre vie, de votre justice et de votre sainteté. Ainsi soit-il.

Avant l'Oraison.

Que de grâces j'ai perdues par mes négligences! Pardonnez-le moi, Seigneur. Je veux m'appliquer à l'oraison avec plus de fidélité et de ferveur. Je renonce à tout ce qui pourrait y mettre obstacle, et je veux, avec le secours de votre grâce, me tenir dans ce recueillement et cette solitude intérieure que vous exigez pour faire entendre votre voix à mon âme. Parlez, Seigneur; je vous promets de me rendre docile aux inspirations de réforme et de sanctification que vous me donnerez. Je ne vous demande pas ces faveurs extraordinaires dont vous honorez quelquefois vos fidèles servantes. Ce sera bien assez pour moi que vous vouliez bien me souffrir en votre présence, et que vous me permettiez de traiter avec vous de la grande affaire de ma perfection. Faites, qu'après vous avoir contemplé avec les yeux de la foi pendant cette vie, je contemple à loisir vos divines perfections dans le ciel. Ainsi soit-il.

A Jésus-Christ ressuscité.

O Jésus! vainqueur du ciel et de ses justices, vainqueur de l'enfer et de ses puissances, vainqueur du péché et de son empire, vainqueur de la mort et de ses terreurs, vainqueur du monde et de ses idoles, devenez aujourd'hui mon vainqueur. Vous avez dit qu'aussitôt que vous seriez élevé vous attireriez tout à vous ; attirez-moi, ô mon Dieu! par votre saint amour. Tonnez même, s'il le faut, frappez, vengez-vous de mes ingratitudes ; forcez-moi de recourir à vous, de chercher un asile à l'abri de votre croix et de me jeter dans les bras de votre éternelle miséricorde.

Oubli de soi-même.

Qu'il m'est pénible, ô mon Dieu! d'être toute à moi et si peu à vous! Qu'il est honteux pour moi de me voir si sensible à ce qui me touche et si insensible à vos intérêts! Dégagez-moi de moi-même ; substituez-vous à ma place ; faites régner votre saint amour où règne mon amour-propre ; mettez votre volonté à la place de la mienne; soyez enfin, dès maintenant, le Dieu de mon cœur, pour être mon partage et ma gloire dans l'éternité.

Sur la Providence.

J'adore, ô mon Dieu! votre aimable et paternelle Providence. Je vous offre les sentiments de soumission, de confiance, de reconnaissance qui vous sont dus pour les soins que vous ne cessez de me prodiguer ; soumission de cœur et d'esprit, d'action et de pratique ; confiance éclairée par la foi, soutenue par l'amour ; reconnaissance vive, profonde, sans bornes. Je ne subsiste que par le bienfait de votre Providence; je veux être soumise à son aimable conduite, et j'accepte par avance tout ce qu'il lui plaira d'ordonner.

Sur l'Immaculée Conception de la Sainte-Vierge.

Vierge sainte, sanctuaire auguste que le Tout-Puissant s'est formé lui-même de sa propre main, la pureté de votre âme surpasse la sainteté de l'Arche d'alliance. Vous avez été conçue pure et sans tache, et la grâce a toujours habité avec vous. Je reconnais avec joie cette auguste prérogative, et je mets mon honneur et ma consolation à la publier.

Tendre Mère des miséricordes, soyez, après le Sauveur Jésus, le plus ferme appui de notre espérance. Si votre grandeur vous rapproche de Dieu, votre bonté vous rapproche de nous. Veillez toujours sur vos enfants ; ils ne cesseront jamais de vous bénir et de vous aimer. Obtenez-leur l'application des grâces de votre divin Fils, et une constante fidélité à y correspondre.

FIN.

TABLE

DES MATIÈRES.

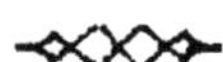

PREMIÈRE PARTIE.

DEUXIÈME PARTIE.

FIN DE LA TABLE.

www.ingramcontent.com/pod-product-compliance
Ingram Content Group UK Ltd.
Pitfield, Milton Keynes, MK11 3LW, UK
UKHW020205250726
13967UKWH00003B/1287